킹비디아 미래는 어떻게 오는가

엔비디아
제국의 탄생

엔비디아
제국의 탄생

초판 1쇄 발행 | 2024년 11월 29일

지은이 | 길재식, 김시소, 김지선, 박종진, 박유민
펴낸이 | 박영욱
펴낸곳 | 북오션

주　소 | 서울시 마포구 월드컵로 14길 62 북오션빌딩
이메일 | bookocean@naver.com
네이버포스트 | post.naver.com/bookocean
페이스북 | facebook.com/bookocean.book
인스타그램 | instagram.com/bookocean777
유튜브 | 쏠쏠TV·쏠쏠라이프TV
전　화 | 편집문의: 02-325-9172　영업문의: 02-322-6709
팩　스 | 02-3143-3964

출판신고번호 | 제 2007-000197호

ISBN 978-89-6799-853-0 (03320)

*이 책은 북오션이 저작권자와의 계약에 따라 발행한 것이므로 내용의 일부 또는 전부를 이용하려면 반드시 북오션의 서면 동의를 받아야 합니다.
*책값은 뒤표지에 있습니다.
*잘못 만들어진 책은 구입하신 서점에서 교환해 드립니다.

킹비디아 미래는 어떻게 오는가

NEXT LEVEL
IS
NVIDIA

엔비디아
제국의 탄생

길재식 · 김시소 · 김지선 · 박종진 · 박유민 지음

북오션

머리말

엔비디아(NVIDIA)는 인공지능(AI)과 고성능 컴퓨팅(HPC) 분야에서 세계적인 선두주자로 자리매김하며, 21세기 기술 혁신을 주도하는 기업으로 빠르게 성장했다. 그래픽 처리 장치(GPU)에서 시작한 엔비디아는 이제 AI와 데이터센터, 자율주행 등 다양한 첨단 산업의 중심에 서 있다. 특히, 젠슨 황(Jensen Huang) CEO의 비전 아래 엔비디아는 단순한 반도체 기업을 넘어 기술 혁신의 상징으로 자리 잡았다.

엔비디아의 역사는 기술적 도전과 혁신의 연속이었다. 1993년 젠슨 황과 두 명의 동료인 크리스 말라초프스키(Chris Malachowsky), 커티스 프리엠(Curtis Priem)이 실리콘 밸리의 한 작은 식당에서 회사를 설립한 이후, 엔비디아는 그래픽 처리 기술의 선두주자로서 시장에 진출했다. 초기 목표는 PC 게임 그래픽을 혁신하는 것이었지만, 엔비디아의 GPU 기술은 그 이상의 가능성을 품고 있었다.

1995년 출시된 첫 제품 NV1은 기술적으로는 진보적이었으나 상업적 실패를 겪었다. 그러나 이 실패는 엔비디아에게 중요한 교훈을 안겨주었다. 시장의 요구와 기술적 혁신 사이에서 균형을 찾는 것이 기업 성장의 열쇠임을 깨달은 것이다. 그후 엔비디아는 RIVA 128과 GeForce 256 시리즈로 큰 성공을 거두며, GPU 시장에서의 확고한 입지를 다졌다. 특히 GeForce 256은 세계 최초의 GPU로 평가받으며 그래픽 처리 능력의 새로운 표준을 세웠다.

2000년대 초반, 엔비디아는 AMD의 Radeon 시리즈와 치열한 경쟁을 벌이기 시작했다. 이 경쟁은 그래픽 처리 기술 발전을 가속화하는 계기가 되었다. 엔비디아는 지속적인 연구개발을 통해 성능을 향상시키는 한편, 다양한 기술적 혁신을 도입했다. 그중에서도 2006년에 발표된 CUDA(Compute Unified Device Architecture)는 엔비디아가 AI와 데이터 처리에서 독보적인 경쟁력을 갖추는 데 중요한 역할을 했다. CUDA는 GPU를 범용 컴퓨팅 장치로 변모시켜, 과학 연구, 딥러닝, 고성능 컴퓨팅에서 GPU 활용을 가능하게 했다.

AI 시대의 도래와 함께 엔비디아의 위치는 더욱 공고해졌다. 엔비디아는 GPU를 활용한 딥러닝 및 AI 기술을 통해 시장에서 독보적인 위치를 확보했다. 특히 Tesla 시리즈와 A100, H100 등 AI에 특화된 GPU를 통해 데이터센터 및 AI 연구소에서 필수적인 기술로 자리 잡았다. A100은 AI, 데이터 분석, HPC에 특화된 성능을 제공하며 엔비디아가 반도체 시장에서 초격차를 유지하는 데 기여했다. H100은 그 성능을 한층 더 강화해 AI 워크로드에서 전례 없는 성능을 제공하며, 엔비디아의 기술적 리더십을 증명했다.

엔비디아의 성장은 AI와 데이터 처리 기술의 발전에 국한되지 않는다. 자율주행, 헬스케어, 로봇 공학, 기후 예측 등 다양한 분야에서도 엔비디아의 기술이 중요한 역할을 하고 있다. 자율주행 분야에서 엔비디아는 자율주행차의 두뇌 역할을 하는 AI 슈퍼컴퓨터 솔루션을 제공하며, 웨이모, 투심플 등 여러 자율주행 회사와 협력하고 있다. 또한 헬스케어 분야에서는 AI를 활용한 신약 개발과 원격의료 솔루션을 지원하며, 미래 의료 산업의 변화를 이끌고 있다.

엔비디아의 성공은 단순히 기술적 우수성에만 의존한 것이 아닙니다. 젠슨 황은 창립 이래로 수평적이고 개방적인 기업 문화를 강조해왔다. 그는 혁신이란 팀원 간 자유로운 소통과 아이디어 공유에서 비롯된다고 믿었다. 엔비디아의 수평적 조직 문화는 다양한 기술적 도전 속에서 빠른 결정을 내릴 수 있게 했으며, 이는 급변하는 기술 시장에서 성공적인 성과를 거두는 원동력이 되었다. 또한, 젠슨 황은 기술적 리더십뿐만 아니라 비즈니스 전략에서도 탁월한 능력을 발휘하며, 엔비디아가 글로벌 시장에서 지속적으로 성장할 수 있는 기반을 마련했다.

엔비디아의 미래는 AI, 자율주행, 메타버스, 그리고 기후 기술에서 찾아볼 수 있다. 엔비디아는 차세대 AI 슈퍼컴퓨터 시스템인 GH200을 통해 AI 및 데이터 처리의 한계를 계속해서 확장하고 있으며, 이는 전 세계 기술 산업의 판도를 바꿀 것으로 기대된다. 특히 GH200은 이전 세대 제품보다 48배 더 많은 NVLink 대역폭을 제공해, AI 슈퍼컴퓨터 성능을 극대화하는 데 기여하고 있다. 또한, 엔비디아는 증강현실과 가상현실 기술에도 투자하며, 미래 메타버스 환경 구축에 힘을 쏟고 있다.

미국 정부의 대중국 반도체 제재는 엔비디아에게 새로운 도전

과제가 되었다. 그러나 엔비디아는 다운그레이드된 AI 반도체 생산을 통해 중국 내 수출 규제 문제를 우회하며, 중국 시장에서의 활로를 모색하고 있다. 이와 함께 엔비디아의 기술력은 중국에서 더욱 높이 평가받고 있으며, 이는 오히려 엔비디아의 기술적 우위를 간접적으로 증명하는 계기가 됐다.

챗GPT와 같은 생성형 AI의 등장도 엔비디아의 독주를 가속화하고 있다. 챗GPT를 제공하는 오픈AI를 비롯해 구글, 삼성, 퀄컴 등의 글로벌 기업들이 생성형 AI 서비스 제공을 위해 엔비디아의 GPU를 활용하고 있으며, 이는 데이터센터 성능 향상과 AI 처리 속도에 대한 요구를 급격히 증가시키고 있다. 엔비디아는 이러한 수요를 바탕으로 AI 반도체 시장에서 독보적인 위치를 유지하고 있으며, 앞으로도 AI와 관련된 기술 발전을 선도해 나갈 것으로 예상된다.

마이크로소프트와 애플을 제치고 나스닥 시가총액 1위에 오른 엔비디아의 성공 비결은 그들의 지속적인 기술 혁신과 과감한 투자에서 찾을 수 있다. 엔비디아는 매출의 20% 이상을 연구개발에 투자하며, GPU 및 AI 반도체 기술에서 지속적인 성과를 내고 있다. 또한, 엔비디아의 독보적인 소프트웨어 플랫폼인 CUDA는 후발주자들이 따라잡기 어려운 경쟁력을 제공하며, 엔비디아 생태계의 중요한 기반이 되고 있다.

젠슨 황과 엔비디아가 이끌어가는 AI와 GPU 혁신의 미래는 밝다. 기술 혁신을 통한 초격차를 유지하고, AI, 자율주행, 헬스케어 등 다양한 산업 분야에서 변화를 주도하는 엔비디아는 앞으로도 글로벌 시장에서 기술 리더십을 유지하며 새로운 역사를 써 내려갈 것이다.

이 책은 엔비디아의 AI 시장을 향한 과거와 현재, 미래를 모두 담았다. 유관 분야에서 다년간의 취재를 바탕으로 현장을 누볐던 전자신문 대표 기자들이 집필을 맡았다. 엔비디아의 성공스토리를 넘어, AI 분야가 어떻게 미래 산업을 혁신할 수 있는지 세부적인 내용을 담았다.

저자 일동

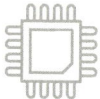

목 차

머리말 ······ 004

PART 1 ─────── 엔비디아의 탄생과 성장

1 ─ 창업 배경과 비전 ······ 014
2 ─ 엔비디아 첫 제품의 탄생(NV1) ······ 022
3 ─ 드디어 출발점에 서다(RIVA 시리즈와 TNT2) ······ 035
4 ─ 엔비디아의 경쟁과 도전 ······ 047
5 ─ 엔비디아와 게임산업의 성장 ······ 063
6 ─ 엔비디아의 혁신과 확장 ······ 075

PART 2 ─────── 엔비디아의 현재

1 ─ HPC·AI 특화 반도체로 초격차 굳히기 ······ 090
2 ─ 챗GPT 등장으로 독주 가속화 ······ 103
3 ─ 예상치 못한 미국 정부의 제재 ······ 115
4 ─ 세계 1등주 등극한 엔비디아 ······ 128
5 ─ 엔비디아의 영향을 받는 기업들 ······ 143

PART 3   엔비디아의 미래

1	엔비디아의 독주, 계속될까	160
2	엔비디아 대항마 파헤치기	177
3	엔비디아 투자처로 보는 미래	189
4	전문가가 예측하는 향후 AI·엔비디아 미래는	205
5	AI, 벤처투자를 이끌나	220

PART 4   젠슨 황, 그는 누구인가

1	AI계의 스티브 잡스, 젠슨 황	232
2	30년 외길, GPU 혁명의 선구자	242
3	이민자 차별 딛고, AI 황태자가 되기까지	253
4	젠슨 황 불굴의 도전	261
5	젠슨 황의 든든한 파트너	271
6	엔비디아를 이끈 리더십	279

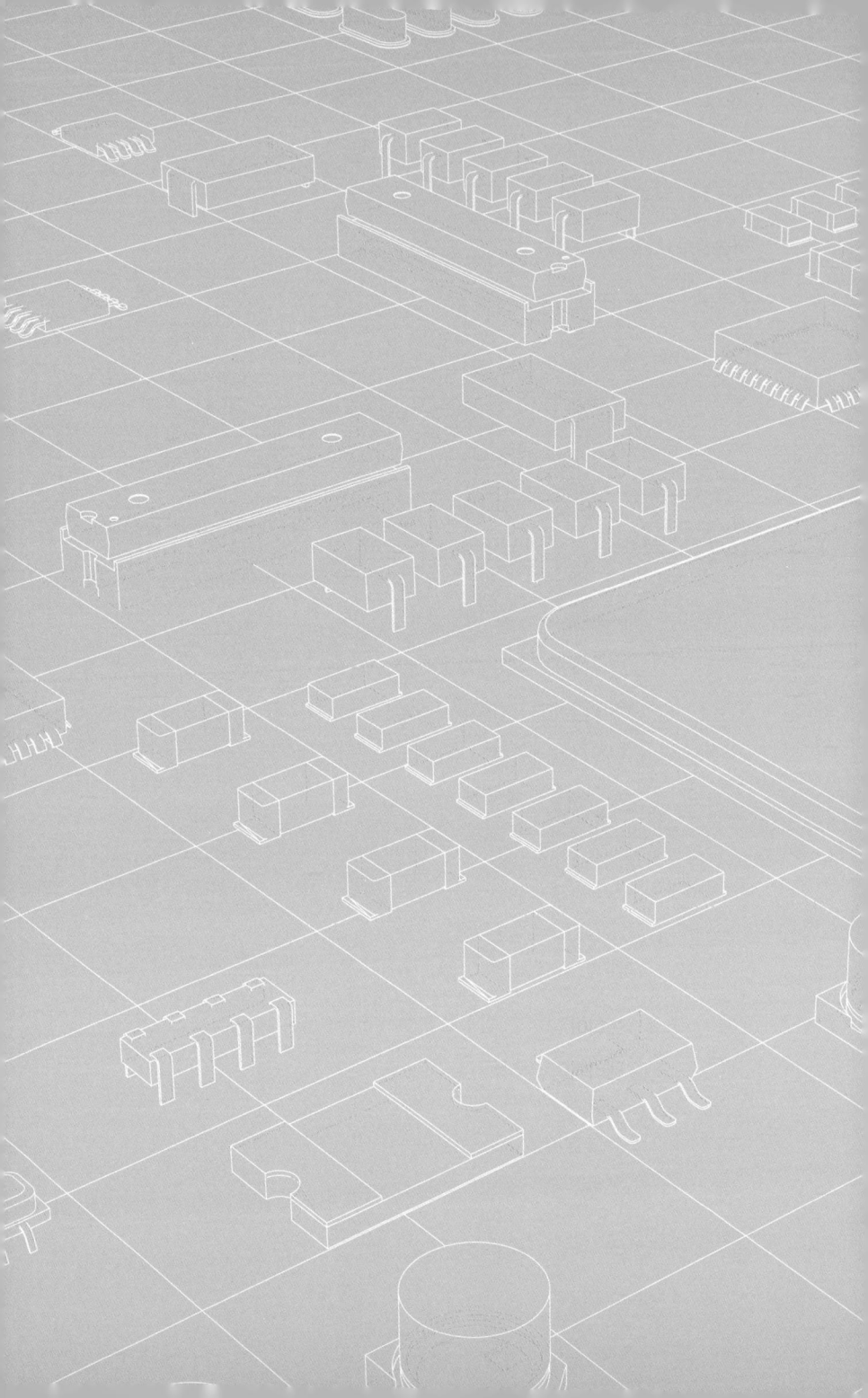

PART I

엔비디아의 탄생과 성장

1 ── 창업 배경과 비전
2 ── 엔비디아 첫 제품의 탄생(NV1)
3 ── 드디어 출발점에 서다(RIVA 시리즈와 TNT2)
4 ── 엔비디아의 경쟁과 도전
5 ── 엔비디아와 게임산업의 성장
6 ── 엔비디아의 혁신과 확장

창업 배경과 비전

　엔비디아(NVIDIA)는 1993년 젠슨 황(Jensen Huang), 크리스 말라초프스키(Chris Malachowsky), 커티스 프리엠(Curtis Priem)이 실리콘 밸리에서 설립한 그래픽 처리 장치(GPU) 전문 회사다. 오늘날 그래픽 기술뿐만 아니라 인공지능(AI)과 고성능 컴퓨팅(HPC) 분야의 핵심 기업으로 자리 잡았다.

　엔비디아의 시작은 벤처 창업 이상 의미를 담고 있다. 창업 초기부터 젠슨 황을 중심으로 한 엔비디아 설립 과정과 첫 제품인 NV1의 출시에 이르기까지, 엔비디아가 직면한 도전과 극복 과정은 데이터센터, 인공지능 산업이 발전을 위한 초석을 다지는 시기였다.

젠슨 황은 대만에서 태어나 10세 때 가족과 함께 미국으로 이민을 갔다. 이민 생활의 어려움 속에서 젠슨 황은 끊임없이 성장해나갔다. 그는 미국 오리건 주립대학교에서 전기공학을 전공한 후, 스탠퍼드 대학교에서 전기공학 석사 학위를 받았다. 졸업 후 젠슨 황은 반도체 및 마이크로프로세서 설계 분야에서 경험을 쌓기 위해 LSI 로직(LSI Logic)과 AMD에서 일하며, 그래픽 처리 기술과 컴퓨터 아키텍처에 대한 깊은 통찰을 얻게 되었다.

1980년대 후반과 1990년대 초반, 젠슨 황은 그래픽 처리 분야에서 대규모 변화를 예견했다. 당시 컴퓨터 산업은 급격히 발전하고 있었지만, 그래픽 처리 능력은 그다지 개선되지 못한 상황이었다. 고급 그래픽 처리에 대한 수요가 늘어가고 있었으나, 중앙처리장치(CPU) 성능 한계로 인해 3D 그래픽 처리에 적합한 하드웨어는 거의 없었다. 젠슨 황은 이러한 한계를 극복할 수 있는 새로운 그래픽 처리 장치의 필요성을 절감하고 이를 실현하기 위한 회사를 세울 결심을 하게 된다.

젠슨 황은 1993년 크리스 말라초프스키와 커티스 프리엠이라는 두 동료와 함께 엔비디아를 설립했다. 크리스 말라초프스키는 젠슨 황과 마찬가지로 LSI 로직에서 일했으며, 커티스 프리엠은 그래픽 처리 기술에 대한 깊은 이해를 갖춘 엔지니어로 그 당시 그래픽 기술 발전에 기여한 주요 인물 중 하나였다. 세 사람은 차세대 그래픽 처리 기술을 개발하는 데 집중하기로 했으며, 이 과정에서 특히 젠슨 황이 가진 리더십은 중요한 역할을 했다.

젠슨 황 엔비디아 CEO
(출처: 엔비디아)

크리스 말라초프스키
엔비디아 공동창업자 (출처: 엔비디아)

젠슨 황과 크리스 말라초프스키는 엔비디아 창립 이전부터 LSI 로직에서 함께 일하며 반도체 및 마이크로프로세서 설계에 대한 깊은 이해를 쌓았다. 말라초프스키는 시스템 설계 및 엔지니어링 분야에서 탁월한 역량을 갖춘 엔지니어로, 젠슨 황의 비전에 동의해 창업에 동참했다. 커티스 프리엠은 젠슨 황과 말라초프스키가 구상한 차세대 그래픽 처리 장치(GPU) 개발에 중요한 기술적 자문을 제공했다.

엔비디아는 창립 초기부터 그래픽 처리 장치에 특화된 기술 개발을 목표로 삼았기 때문에, 그래픽 하드웨어 및 소프트웨어 개발 경험이 있는 인재들을 적극 영입했다. 초창기 팀은 주로 실리콘 밸리에서 활동하던 반도체 및 그래픽 전문가들로 구성되었으며, 젠슨 황의 리더십 아래 새로운 기술적 도전에 집중했다. 특히 그래픽 엔지니어링, 반도체 설계, 멀티미디어 처리에 대한 기술적 이해가 높은 인재들이 초기 엔비디아 경쟁력을 강화하는 데 중요한 역할을 했다.

젠슨 황은 창립 초기부터 팀원들 간 자유로운 소통과 혁신을 강조했다. 그는 창의적인 문제 해결과 기술적 도전을 장려했다. 이 같은 창업 초기의 팀 구성과 조직 문화는 엔비디아가 빠르게 성장하는 데 큰 기여를 했다.

엔비디아의 초기 비전은 실시간으로 고성능 3D 그래픽을 처리할 수 있는 전용 하드웨어를 개발하는 것이었다. 젠슨 황은 CPU가 다목적 연산 장치로서 여러 작업을 처리할 수는 있지만, 그래픽 처리에 있어서는 성능적 한계를 가질 수밖에 없다는 점에 주목했다. 이러한 문제를 해결하기 위해, 젠슨 황과 그의 팀은 GPU(그래픽 처리 장치)를 구상하게 되었다.

GPU는 그래픽 처리에 특화된 병렬 연산 장치로, 복잡한 3D 그래픽을 빠르고 효율적으로 처리할 수 있는 성능을 제공할 수 있었다. 젠슨 황은 이 기술이 단순히 게임 산업에서뿐만 아니라, 향후 과학 연구, 시뮬레이션, 인공지능 등 다양한 분야에서 활용될 수 있을 것이라고 확신했다. 이처럼 넓은 비전을 바탕으로 엔비디아는 단순한 그래픽 카드 제조업체가 아니라, 전 세계 컴퓨팅 기술을 선도하는 회사로 성장하기 위한 첫 발걸음을 내딛게 되었다.

초기 엔비디아가 가진 목표는 기술적으로 뛰어난 GPU를 개발하여 게임 및 멀티미디어 시장에 진입하는 것이었다. 하지만 젠슨 황의 비전은 이보다 더 광범위했다. 그는 GPU가 단순히 그래픽 처리에 그치지 않고, 고성능 컴퓨팅(HPC), 과학적 시뮬레이션, 인공지능, 데이터 분석 등에서도 중요한 역할을 할 수 있다고 보았다. 이러한 비전은 이후 엔비디아가 게임 그래픽을 넘어 다양한 산업 분야로 확장해나가는 중요한 기반이 되었다.

엔비디아가 설립된 1990년대 초반, 그래픽 처리 장치(GPU)라는 개념 자체가 생소했다. 당시 대부분의 그래픽 처리는 CPU에 의존하고 있었고, 그래픽 처리만을 전문으로 하는 별도 하드웨어가 필요하다는 개념을 이해하는 사람은 많지 않았다. 이로 인해 엔비디아는 초기 자금 조달에 큰 어려움을 겪었다. 젠슨 황과 그의 팀은 GPU 개발을 위한 자금을 확보하기 위해 실리콘 밸리의 여러 벤처캐피털을 찾아다녔지만, 투자자 대부분은 GPU의 상업적 성공 가능성에 회의적이었고, 별도 GPU 하드웨어가 필요한지에 대해 의문을 제기했다.

그러나 실리콘 밸리의 대표적인 벤처캐피털 중 하나인 세쿼이아 캐피털(Sequoia Capital)이 엔비디아 비전과 젠슨 황의 리더십에 공감하며 초기 투자를 결정했다. 세쿼이아 캐피털 투자는 엔비디아가 첫 번째 제품을 개발할 수 있는 중요한 재정적 기반을 마련하는 데 큰 도움이 되었다. 세쿼이아 캐피털의 투자는 단순한 자금 지원에 그치지 않고, 엔비디아가 실리콘 밸리의 주요 기술 네트워크에 진입할 수 있는 계기가 되었다.

젠슨 황과 그의 공동 창업자들은 엔비디아가 기술적으로 혁신적인 그래픽 처리 장치를 개발할 수 있음을 확신하고 있었지만, 이를 상업화하기 위해서는 대규모 자본이 필요했다. 엔비디아는 GPU 개발 자금을 조달하기 위해 실리콘 밸리 여러 벤처캐피털을 찾아다녔고, 이 과정에서 젠슨 황은 비전과 기술적 우수성을 적극 피력했다.

마침내 실리콘 밸리의 대표적인 벤처캐피털인 세쿼이아 캐피털(Sequoia Capital)이 엔비디아의 가능성을 눈여겨보게 되었다. 세쿼이아 캐피털은 젠슨 황의 리더십과 비전을 높이 평가했고, GPU가 향후 컴퓨터 그래픽 처리에서 중요한 역할을 할 것이라는 그의 주장을 신뢰했다. 세쿼이아 캐피털은 주로 기술 혁신에 대한 강한 신념을 가진 창업자를 후원하는 투자사로, 젠슨 황이 보여준 열정과 엔비디아의 기술적 비전이 그들의 투자 철학과 일치했다.

엔비디아와 세쿼이아 캐피털과의 첫 만남에서 젠슨 황은 GPU의 상업적 잠재력뿐만 아니라, 이 기술이 게임, 과학 연구, 시뮬레이션, 인공지능 분야에서 어떻게 혁신을 일으킬 수 있는지에 대해 강조했다. 또한 GPU가 향후 고성능 컴퓨팅 분야에서 중요한 역할을 하게 될 것이라는 미래 비전을 제시했다. 세쿼이아는 이 같은 비전을 단순한 기술적 상상이 아닌, 실현 가능한 목표로 받아들였고, 초기 투자에 대한 논의가 빠르게 진행되었다.

세쿼이아 캐피털의 초기 투자는 엔비디아가 첫 번째 GPU 제품인 NV1을 개발하는 데 중요한 자원으로 사용되었다. 세쿼이아의 투자는 단순히 재정적 지원에 그치지 않았다. 엔비디아가 실리콘 밸리 주요 기술 네트워크에 진입할 수 있도록 도왔으며, 엔비디아가 지속적으로 성장할 수 있도록 전략적 조언 또한 제공했다.

세쿼이아는 엔비디아가 시장에서 기술적 도전을 이어가고, 향후 출시될 제품들을 통해 글로벌 그래픽 기술 시장에서 경쟁력을 강화하는 데 결정적인 역할을 했다. 세쿼이아는 이후에도 엔비디아와 긴밀한 협력을 유지하며, 회사가 지속적으로 성장할 수 있도록 중요한 파트너 역할을 했다.

엔비디아는 창립 초기부터 혁신을 추구하는 기업 문화를 형성했다. 젠슨 황은 엔비디아가 단순히 제품을 생산하는 하드웨어 회사가 아니라, 혁신적인 기술을 통해 시장의 판도를 바꾸는 기술 선도 기업이 되기를 원했다. 그는 이를 위해 엔지니어들에게 도전적인 목표를 제시하고, 그들이 창의적인 아이디어를 내고 실패를 두려워하지 않도록 격려했다. 이러한 문화는 엔비디아가 빠르게 기술적 성과를 달성하고, 끊임없이 새로운 기술을 개발하는 데 중요한 역할을 했다.

젠슨 황은 기술적 혁신이 엔비디아의 경쟁 우위를 확보하는 열쇠라고 생각했다. 그는 기술적 우수성을 바탕으로 시장에서 차별화된 제품을 제공해야만 성공할 수 있다고 믿었다. 엔비디아는 경쟁사들과 경쟁에서 앞서 나가기 위해 끊임없이 연구개발(R&D)에 투자했고, 이는 회사가 빠르게 성장하는 데 큰 도움이 되었다.

엔비디아
첫 제품의 탄생(NV1)

엔비디아(NVIDIA)의 첫 번째 상용 그래픽 처리 장치(GPU)인 NV1은 1995년에 출시되었다. 이 제품은 엔비디아가 시장에 정식으로 진입한 첫 번째 제품으로, 당시로서는 혁신적이면서도 실험적인 시도였다. NV1 출시는 엔비디아에게 있어 중요한 첫 도전이었으며, 이후 엔비디아가 그래픽 처리 기술 분야에서 세계적인 리더로 자리매김하는 데 결정적인 계기가 되었다. 그러나 NV1의 출시는 성공과 실패의 양면을 모두 경험하게 한 사건으로, 엔비디아에게 귀중한 교훈을 남겼다.

1990년대 초반, 컴퓨터 그래픽 산업은 큰 변화를 겪고 있었다. CPU는 범용적인 연산 작업을 처리하는 데 매우 유용했지만, 3D

그래픽 처리에는 한계가 있었다. 게임과 같은 고사양 그래픽 작업에서는 실시간으로 대량의 데이터를 처리해야 했고, 이를 효율적으로 처리할 수 있는 새로운 하드웨어 솔루션이 필요했다. 젠슨 황과 그의 동료들은 이러한 문제를 해결하기 위해 GPU라는 새로운 개념을 도입하기로 결심했다.

GPU는 그래픽 처리에 특화된 병렬 연산 장치로, CPU와 별도로 작동하면서도 복잡한 3D 그래픽 연산을 효율적으로 처리할 수 있는 능력을 갖추고 있었다. 당시 이 개념은 혁신적이었지만, 동시에 상업적 성공 가능성에 대한 불확실성도 존재했다. GPU는 그래픽 처리 패러다임을 완전히 바꾸는 기술로, 이 기술이 성공할지 여부는 당시로서는 미지수였다. 하지만 젠슨 황과 엔비디아 팀은 이러한 불확실성 속에서도 기술적 도전을 멈추지 않았다.

엔비디아 내부에서는 GPU 개발을 두고 많은 토론과 실험이 이루어졌다. 초기 엔비디아 연구개발(R&D)팀은 GPU가 단순히 그래픽 처리 장치가 아니라, 향후 컴퓨팅 작업 전반에 걸쳐 사용될 수 있는 중요한 기술적 도구가 될 것이라고 믿었다. 이들은 GPU가 고도의 병렬 연산 능력을 통해 다양한 연산 작업을 처리할 수 있으며, 이를 통해 게임 산업뿐만 아니라 과학 연구, 시뮬레이션, 인공지능(AI) 분야에서도 중요한 역할을 할 수 있다고 확신했다.

이러한 엔비디아의 비전은 이후 GPU가 다양한 산업에서 필수적인 기술로 자리 잡는 데 기여했다.

NV1의 가장 두드러진 기술적 특징 중 하나는 곡선 기반 렌더링 기술을 채택했다는 점이다. 당시 대부분 그래픽 처리 장치들은 다각형 기반 렌더링 방식을 사용했지만, 엔비디아는 곡선을 이용한 렌더링을 통해 더욱 부드럽고 자연스러운 그래픽 표현을 가능하게 했다. 곡선 기반 렌더링은 3D 그래픽에서 더욱 사실적인 이미지 구현을 목표로 한 혁신적인 시도였다. 이를 통해 엔비디아는 기존 그래픽 처리 방식과 차별화된 제품을 선보일 수 있었다.

곡선 기반 렌더링은 기존 다각형 기반 방식보다 더 많은 계산 능력을 요구했다. 엔비디아 R&D 팀은 곡선 렌더링 기술을 효율적으로 구현하기 위해 다양한 알고리즘을 연구하고 개발했다. 이러한 연구는 기술적으로 매우 도전적인 과제였으며, 특히 실시간 3D 그래픽 처리에서 성능 저하 없이 곡선을 렌더링하는 것은 매우 어려운 일이었다. 엔비디아 내부에서는 이러한 기술적 도전을 해결하기 위해 많은 실험과 테스트가 반복되었으며, 이는 엔비디아 팀에게 큰 부담으로 작용했다.

NV1은 그래픽 처리 외에도 오디오 처리 기능을 통합한 멀티미디어 칩셋으로 설계되었다. 이처럼 그래픽과 오디오를 동시에 처리할 수 있는 장치를 만들려는 시도는 당시로서는 매우 혁신적이었다. 엔비디아는 게임과 멀티미디어 애플리케이션에서 더욱 몰입감 있는 경험을 제공하기 위해 이러한 통합적인 설계를 도입했다. 이는 단순히 그래픽 처리에만 집중하는 것이 아니라, 멀티미디어 처리 전반을 아우르는 기술적 솔루션을 제공하려는 엔비디아 비전을 반영한 것이었다.

그러나 이러한 복합적인 설계는 개발 복잡성을 크게 증가시켰다. 그래픽 처리와 오디오 처리를 동시에 최적화하는 일은 쉬운 일이 아니었다. 특히 두 기능 간 자원 배분과 성능 최적화에서 많은 문제가 발생했다. NV1을 개발하는 동안 엔비디아 내부에서는 성능 최적화를 둘러싼 다양한 논의가 이루어졌고 이를 해결하기 위해 여러 엔지니어들이 오랜 시간 동안 기술적 연구에 매진했다. 이러한 과정에서 엔비디아는 많은 기술적 도전과 실패를 경험했지만, 이 실패들은 이후 엔비디아가 더 나은 제품을 개발하는 데 중요한 교훈이 되었다.

NV1은 기술적으로 매우 혁신적인 제품이었지만, 상업적으로는 큰 성공을 거두지 못했다. 그 주요 이유 중 하나는 당시 게임 개발 업계에서 지배적인 위치를 차지하고 있던 마이크로소프트 다이렉트(Direct)X 표준과 호환성 문제였다. NV1은 다이렉트X와 호환되지 않았으며, 이는 게임 개발자들이 NV1을 지원하는 데 어려움을 겪게 만들었다.

다이렉트X는 당시 게임 개발자들 사이에서 빠르게 표준화되고 있던 그래픽 API(Application Programming Interface)로, 대부분 게임이 다이렉트X를 사용하여 개발되고 있었다. 그러나 NV1은 마이크로소프트 다이렉트X와 호환되지 않았으며, 대신 엔비디아가 자체적으로 개발한 그래픽 API를 사용했다. 이로 인해 NV1을 지원하는 게임 개발자는 거의 없었고, 이는 NV1 상업적 잠재력을 크게 제한했다. 게임 개발자들이 NV1을 채택하기 어려웠던 이유는 단순한 기술적 문제를 넘어서, 이미 표준화된 기술을 사용하는 것이 개발 효율성과 비용 측면에서 훨씬 유리했기 때문이다.

당시 게임 시장에서는 이미 다각형 기반 렌더링 기술이 널리 사용되고 있었다. 곡선 기반 렌더링은 기술적으로는 진보적인 방식이었지만, 기존의 게임 엔진과 호환되지 않는 문제가 있었다. 다수 게임 개발자들은 NV1의 렌너링 방식을 받아들이기 위해 추가적인 개발 노력이 필요했으며, 이는 비용 증가로 이어졌다. 결국 게임 개발자들은 NV1을 지원하기보다는 이미 사용하고 있는 표준화된 기술을 선호하게 되었고, 이는 NV1 시장 진입을 어렵게 만들었다.

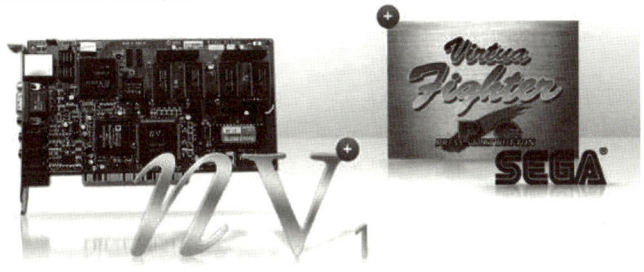

엔비디아 NV1 (출처: 세가)

NV1은 멀티미디어 기능을 통합한 혁신적인 제품이었으나, 복잡한 설계로 인해 성능 최적화에서 여러 문제를 겪었다. 특히 오디오와 그래픽을 동시에 처리하는 설계는 성능 저하로 이어졌다. 엔비디아는 NV1 성능을 극대화하기 위해 여러 가지 기술적 개선을 시도했지만, 시장에서 기대했던 만큼의 성능을 제공하지는 못했다. 게임과 같은 고사양 애플리케이션에서 NV1은 경쟁 제품보다 낮은 성능을 보여주었으며, 이는 소비자들의 실망으로 이어졌다.

당시 시장에서는 그래픽 처리 장치 성능이 게임 플레이에 큰 영향을 미치는 중요한 요소로 평가되었다. 소비자들은 더 나은 성능을 제공하는 제품을 찾고 있었고, NV1은 이러한 기대를 충족시키지 못했다. 엔비디아 내부에서는 NV1 성능 문제를 해결하기 위해 여러 가지 방안을 검토했지만, 제품 출시 시점에서는 모든 문제를 해결하지 못한 채 시장에 내놓을 수밖에 없었다.

또한 NV1은 가격 경쟁력 면에서도 어려움을 겪었다. 복잡한 설계와 멀티미디어 통합 기능으로 인해 NV1의 제조 비용은 상당히 높았으며, 이는 최종 소비자 가격에도 영향을 미쳤다. NV1은 경쟁 제품들에 비해 상대적으로 높은 가격으로 시장에 출시되었고, 이는 가격 민감도가 높은 소비자들에게 매력적이지 않았다. 경쟁사들은 더 저렴한 가격에 비슷한 성능을 제공하는 제품을 출시하며 시장 점유율을 빠르게 확대해 나갔다.

NV1의 상업적 실패는 엔비디아 내부에서 다양한 논의와 자기 성찰을 불러일으켰다. 당시 엔비디아는 기술적 혁신에 대해 강한 신념을 가지고 있었고, 엔지니어링 팀은 세계 최초의 상용 GPU를 통해 그래픽 처리 방식을 근본적으로 변화시키겠다는 목표를 가지고 있었다. 그러나 NV1의 실패는 엔비디아가 당면한 기술적 과제뿐만 아니라, 시장 현실과의 괴리를 극명하게 드러냈다. 이는 엔비디아 내부에서 기술적 혁신과 시장 수요의 균형을 맞추는 것이 얼마나 중요한지를 되새기게 하는 계기가 되었다.

NV1 곡선 기반 렌더링 기술은 당시로서는 획기적인 시도였으나, 결과적으로 시장에서 받아들여지지 않았다. 엔비디아 내부에서는 NV1의 실패 원인에 대해 깊은 논의가 이어졌다. 기술적 우수성이 곧 상업적 성공으로 이어지지 않는다는 점을 통감한 엔지니어들은, 기술 개발만을 고집해서는 시장에서 살아남기 어렵다는 결론에 도달했다. 젠슨 황은 이 논의의 중심에 서서, 기술적 도전이 중요하다는 점에는 변함이 없지만, 소비자와 시장의 요구를 무시한 기술 혁신은 성공을 거둘 수 없다는 교훈을 강조했다.

특히, 당시 시장에서 널리 사용되고 있던 다각형 기반의 렌더링 방식과 호환성 문제는 큰 실수로 여겨졌다. 엔비디아 기술 팀은 곡선 기반 렌더링이 더 나은 그래픽 품질을 제공할 수 있다고 확신했지만, 대부분 게임 개발자들이 다각형 기반의 기술에 익숙해 있었고, 이 방식을 사용하는 데 더 큰 효율성을 느꼈다. NV1을 출시할 당시 엔비디아는 이러한 시장 현실을 충분히 고려하지 않았다는 점에서 내부적으로 많이 반성 했다. 곡선 렌더링은 미래지향적 기술이었지만, 당시 시장에서 요구되던 것은 안정적이고 익숙한 기술이었다는 점에서 엔비디아는 이 부분에 대해 재평가를 할 수밖에 없었다.

NV1의 실패 이후, 엔비디아는 제품 개발 과정에서 시장 조사 중요성을 다시 한번 깨닫게 되었다. 엔비디아 내부에서는 NV1 개발 과정에서 충분한 시장 조사가 이루어지지 않았다는 비판이 있었다. 당시 엔비디아가 맞춘 초점은 기술적 우수성을 입증하는 데 있었고, 소비자와 게임 개발자들이 실제로 필요로 하는 것이 무엇인지를 충분히 고려하지 않았다. 젠슨 황은 이를 해결하기 위해 엔지니어링 팀과 마케팅 팀 간 소통을 더욱 강화하고, 제품 개발 과정에서 시장 조사와 소비자 피드백을 반영하는 시스템을 구축하는 데 집중했다.

기존에는 엔지니어들이 기술적 혁신에만 매달려 있었다면, 이제는 시장 요구와 흐름을 이해하고 이를 바탕으로 기술을 적용하는 것이 중요해졌다. 이로 인해 엔비디아는 마케팅 팀과 엔지니어링 팀이 더 긴밀하게 협력하는 구조를 도입했다. 새로운 제품 개발에 있어 시장 조사를 통해 얻은 데이터를 적극 반영하며, 기술적 실험과 함께 실제 소비자와 게임 개발자들이 원하는 기능을 우선시하는 전략을 채택했다.

NV1의 실패에는 가격 경쟁력 부족도 중요한 요인으로 작용했다. 엔비디아는 NV1의 기술적 복잡성으로 인해 생산 비용이 증가했고, 이는 최종 소비자가 부담해야 하는 가격에도 영향을 미쳤다. 결과적으로 NV1은 경쟁사 제품에 비해 높은 가격을 책정할 수밖에 없었고, 소비자들은 더 저렴한 대안을 선호하게 되었다. 이러한 상황은 엔비디아 내부에서 가격 전략에 대한 근본적인 재검토를 촉발시켰다.

젠슨 황은 기술적 우수성을 제공하되, 그것이 소비자들에게 실질적인 가치를 제공할 수 있도록 해야 한다는 점을 강조했다. 엔비디아는 이후 제품 개발에 있어 가격 대비 성능비를 고려한 설계를 중요하게 여기기 시작했다. 기술적 혁신이 반드시 높은 가격으로 이어질 필요는 없다는 인식이 자리 잡았으며, 기술을 통해 소비자들에게 적정한 가격에 더 나은 성능을 제공할 수 있는 방안을 모색하기 시작했다.

가격 문제는 제품의 시장 성공에 있어 중요한 요소로 작용했다. 엔비디아 내부에서는 기술 혁신을 유지하면서도 가격을 낮추는 방법에 대한 논의가 계속되었고, 이 과정에서 효율적인 생산 방식과 재료 비용 절감에 대한 아이디어가 공유되었다. 이러한 논의는 이후 엔비디아가 경쟁력 있는 가격으로도 고성능 GPU를 제공할 수 있는 기반을 마련하는 데 중요한 역할을 했다.

NV1 실패 이후, 젠슨 황은 엔비디아의 조직 구조와 리더십에 변화가 필요하다고 느꼈다. 기술 중심의 회사에서 시장 중심의 회사로 전환하기 위해, 그는 조직의 효율성과 커뮤니케이션을 강화하는 방안을 모색했다. 이를 위해 엔지니어링 팀과 마케팅 팀 간 소통을 더욱 원활하게 만들고, 회사 전체가 같은 목표를 향해 움직일 수 있는 일체감을 형성하는 데 집중했다.

젠슨 황은 또한 리더십 팀의 역할을 재정립했다. 이전까지는 기술 개발에 있어 개별 엔지니어들의 자율성이 강조되었지만, 이제는 리더십 팀이 제품 개발 모든 단계에서 명확한 방향성을 제시하고, 기술적 결정이 시장 전략과 어떻게 연결되는지를 지속적으로 확인하는 역할을 맡게 되었다. 이는 엔비디아가 내부적으로 더 체계적인 의사결정 과정을 통해 효율성을 높이고, 시장 변화에 빠르게 대응할 수 있도록 만든 중요한 변화였다.

젠슨 황은 NV1 실패를 통해 리더십이 단순히 기술적 결정만을 내리는 것이 아니라, 비즈니스와 시장 흐름을 고려한 전략적 결정을 내리는 것이 중요하다는 사실을 깨달았다. 그는 기술적 리더십과 비즈니스 리더십을 결합하여, 엔비디아가 기술 기업으로서 정체성을 유지하면서도 시장에서 성공할 수 있는 방안을 모색하는 데 집중했다.

NV1 실패의 가장 큰 원인 중 하나는 다이렉트X와 호환성 부족이었다. NV1이 실패한 후, 엔비디아는 게임 개발 환경에서 다이렉트X가 얼마나 중요한 표준으로 자리 잡고 있는지를 깨닫게 되었다. 이로 인해 엔비디아는 다이렉트와 호환성을 무시할 수 없다는 결론에 이르렀고, 이후 제품 개발에서 마이크로소프트와 협력을 강화하는 전략을 채택했다.

다이렉트X는 게임 개발자들이 효율적으로 그래픽을 처리할 수 있도록 도와주는 중요한 도구였다. 엔비디아는 NV1 실패 이후, GPU가 게임 개발자들에게 얼마나 중요한 도구인지 깨닫고, 다이렉트X와의 호환성을 강화하기 위해 마이크로소프트와 긴밀히 협력하기 시작했다. 이로 인해 엔비디아의 이후 제품들은 다이렉트X와 완벽하게 호환되었고, 이는 게임 개발자들이 엔비디아의 GPU를 쉽게 사용할 수 있게 만들었다.

이러한 변화는 엔비디아가 시장에서 경쟁력을 회복하는 데 중요한 역할을 했다. 다이렉트X와의 호환성을 강화함으로써 엔비디아는 더 많은 게임 개발자들에게 어필할 수 있었으며, 이는 제품 판매에도 긍정적인 영향을 미쳤다. NV1 실패 이후, 엔비디아는 기술 혁신만으로는 성공할 수 없으며, 시장에서 요구하는 표준을 준수하는 것이 얼마나 중요한지를 절실히 깨닫게 되었다.

NV1의 실패는 엔비디아 팀에게 좌절감을 안겨주었지만, 동시에 실패를 기회로 삼아 더 나은 제품을 개발할 수 있는 계기가 되었다. 엔비디아 내부에서는 NV1 실패를 단순히 부정적인 결과로

만 보지 않고, 이를 통해 얻은 경험을 다음 제품 개발에 어떻게 활용할 수 있을지에 대해 심도 있는 논의가 이루어졌다.

특히 젠슨 황은 실패를 두려워하지 않는 기업 문화를 강조하며, 팀원들에게 실패를 통해 배울 수 있는 점을 찾도록 격려했다. 그는 실패를 통해 얻은 교훈을 다음 도전에 반영하는 것이 중요하다고 강조했다. 이러한 리더십은 엔비디아 내부에 긍정적인 영향을 미쳤으며, 엔지니어들은 실패를 통해 배운 경험을 토대로 더욱 발전된 기술을 개발할 수 있는 기회를 얻게 되었다.

팀워크 중요성도 NV1 실패 이후 재평가되었다. 엔비디아는 모든 직원이 각자의 역할에 충실하되, 서로의 의견을 존중하고 협력하는 문화를 강화했다. 엔지니어와 마케팅, 비즈니스 팀 간의 협업이 더욱 긴밀해졌고, 이를 통해 더 나은 제품 개발과 시장 적응력이 가능해졌다.

이러한 변화는 결국 엔비디아가 이후 성공적 제품을 내놓는 데 중요한 역할을 했으며, 실패를 교훈 삼아 더 나은 방향으로 나아가는 조직 문화를 형성하게 만들었다.

드디어 출발점에 서다
(RIVA 시리즈와 TNT2)

엔비디아의 첫 번째 상업적 성공을 가져다준 제품은 1997년 출시된 리바(RIVA)128이었다. 리바128은 엔비디아가 출시한 두 번째 그래픽 카드로, 2D와 3D 그래픽 처리 성능을 모두 향상시킨 제품이었다. 이 제품은 엔비디아가 NV1의 실패 이후, 시장 요구에 맞춰 개발한 첫 번째 성공적인 GPU였다.

RIVA 128의 개발 과정에서 엔비디아는 초기부터 두 가지 핵심 목표를 설정했다. 첫째, 기존 NV1에서 문제가 되었던 다이렉트X 호환성 문제를 해결하는 것이었다. NV1은 자체 API를 사용해 다이렉트X와 호환되지 않았기 때문에 많은 게임 개발자들이 이를 지원하기 어려워했다. 리바128은 이를 해결하기 위해 다이렉트X 표준을 완벽하게 준수하도록 설계되었으며, 이로써 게임 개발자들이 다이렉트X 기반으로 게임을 개발하면서도 리바128을 쉽게 활용할 수 있게 만들었다.

둘째, 리바128은 성능과 가격의 균형을 맞추는 데 중점을 두었다. NV1은 기술적으로는 진보적인 면이 있었지만, 제조 비용이 높아 가격 경쟁력에서 밀렸다. 이를 개선하기 위해 리바128은 더 높은 성능을 제공하면서도 생산 비용을 절감할 수 있는 효율적인 설계를 도입했다. 엔비디아는 GPU의 복잡성을 줄이고, 성능을 극대화할 수 있는 아키텍처를 채택해 가격 대비 성능비가 우수한 제품을 만들고자 했다.

RIVA 128 개발 과정에서 엔비디아 엔지니어링 팀은 기존의 문제를 해결하면서도, 새로운 기술적 도전을 시도했다. 이 과정에서 엔비디아는 당시 게임 시장 요구를 면밀히 분석하고, 그래픽 카드의 성능을 실질적으로 향상시키기 위해 2D와 3D 그래픽 처리 성능을 동시에 개선하는 데 집중했다.

1990년대 후반 그래픽 처리 장치 시장은 매우 치열한 경쟁이 벌어지고 있었다. ATI(현 AMD)와 3dfx는 당시 시장을 선도하던 주요 기업이었다. 특히 3dfx 부두(Voodoo) 시리즈는 게임 성능에서 큰 인기를 끌고 있었다. 엔비디아는 이러한 상황에서 리바128

을 통해 경쟁사들을 앞지르기 위해 노력했다.

당시 3dfx는 게임 성능에 집중하며 고성능 그래픽 처리 장치를 제공했지만, 다소 높은 가격과 제한적인 기능으로 인해 일부 소비자층에만 집중되는 경향이 있었다. 반면, 엔비디아는 리바128을 통해 더 넓은 소비자층을 공략하고자 했다. 리바128은 경쟁사 대비 더 낮은 가격으로 출시되었지만, 성능에서는 큰 손해를 보지 않는 전략을 채택했다. 특히, 다이렉트X 표준을 완벽히 지원함으로써 더 많은 게임 개발자들과 협업이 가능해졌고, 이는 엔비디아가 시장에서 빠르게 점유율을 높일 수 있는 원동력이 되었다.

리바128은 이러한 전략적 대응 덕분에 크게 흥행했고 엔비디아는 처음으로 상업적 성공을 거두게 된다. 이 제품은 게임 성능뿐만 아니라 다양한 3D 애플리케이션에서도 우수한 성능을 발휘했으며, 이를 통해 엔비디아는 그래픽 처리 장치 시장에서 주요 경쟁자로 자리잡게 된다.

리바128은 기존의 그래픽 처리 방식보다 더 나은 성능을 제공하며, 그래픽 카드 시장에서 큰 주목을 받았다. 이 제품은 당시 기준으로 매우 빠른 100MHz 클럭 속도를 자랑했고, 2D와 3D 그래픽 모두에서 뛰어난 성능을 발휘했다. 또한, 엔비디아는 RIVA 128을 개발하면서 마이크로소프트의 다이렉트X 표준을 준수하는 데 신경을 썼다. 이는 게임 개발자들이 리바128을 손쉽게 활용할 수 있도록 만들어주었고, 엔비디아가 경쟁에서 우위를 점할 수 있는 중요한 전략적 요소가 되었다.

리바128은 상업적으로도 성공을 거두며 엔비디아가 본격적으로 시장에서 경쟁력을 확보하는 데 기여했다. 이 제품은 게임 성능을 크게 개선해주었고, 많은 게이머들 사이에서 인기를 끌었다. 특히, 당시 경쟁사인 ATI(현 AMD)와 3dfx 제품들과 비교했을 때, 리바128은 성능과 가격 면에서 우수한 평가를 받았다. 이로 인해 엔비디아는 그래픽 처리 장치 시장에서 강력한 경쟁자로 부상했다.

리바128의 성공에 이어, 엔비디아는 1998년 리바TNT(트윈 텍스처) 시리즈를 출시했다. 리바TNT는 엔비디아 기술적 진보를 반영한 제품으로, 특히 텍스처 처리 성능에서 뛰어난 성과를 보여주었다. 리바TNT는 다중 텍스처 처리 기능을 도입해 게임 그래픽에서 더욱 정교한 디테일을 표현할 수 있게 했으며, 이는 당시 3D 그래픽 게임에서 매우 중요한 요소였다.

리바TNT는 128비트 메모리 인터페이스와 고속 메모리 전송 기능을 도입해 데이터 처리 속도를 크게 향상시켰다. 이는 게임 그래픽의 품질과 속도를 동시에 개선하고 엔비디아가 기술적으로 앞서 나가는 데 중요한 역할을 했다. 특히 리바TNT는 엔비디아가 경쟁사인 3dfx를 기술적으로 앞지르게 만든 제품이었다. 당시 3dfx의 부두(Voodoo)2 시리즈는 그래픽 카드 시장에서 선두를 달리고 있었지만, RIVA TNT는 더 높은 해상도와 다중 텍스처 처리 성능을 제공하며 게임 개발자들과 소비자들 사이에서 큰 호응을 얻었다.

이어 출시된 리바TNT2는 리바TNT 기술적 성과를 기반으로 성능을 더욱 개선한 제품이다. 1999년 출시된 TNT2는 더 높은 클럭 속도와 향상된 메모리 대역폭을 제공해, 당시 기준으로 가장 강력한 그래픽 처리 성능을 자랑했다. TNT2는 고해상도 게임 환경에서 뛰어난 성능을 발휘했으며, 게임 플레이어들에게는 매우 매력적인 제품으로 다가갔다. 특히 3D 그래픽 처리에서 높은 프레임 속도를 제공해, 당시 많은 게임들이 TNT2를 지원하게 되었다.

리바TNT2는 엔비디아가 경쟁사들과 격차를 더욱 벌리는 계기가 되었고, 엔비디아 시장 점유율을 크게 확대시키는 데 기여했다. TNT2의 성공은 엔비디아가 그래픽 처리 장치 시장에서 단순한 경쟁자를 넘어, 기술적 리더로 자리 잡게 만든 중요한 전환점이었다.

리바시리즈와 TNT2의 성공을 기반으로, 엔비디아는 1999년 세계 최초 GPU로 불리는 지포스 256(GeForce 256)을 출시했다. 지포스 256은 GPU라는 개념을 처음 도입한 제품으로, 그래픽 처리뿐만 아니라, 여러 연산 작업을 동시에 수행할 수 있는 병렬 처리 기능을 제공했다. 이 제품은 단순히 3D 그래픽을 처리하는 것을 넘어서, 복잡한 계산 작업도 효율적으로 처리할 수 있는 새로운 아키텍처를 제공했다.

지포스256

1999년, 엔비디아는 그래픽 처리 장치 시장에 큰 혁신을 불러일으킬 제품인 지포스256을 출시했다. 지포스256은 '세계.최초의 GPU'로 불리며, 그래픽 처리 기술의 새로운 장을 여는 제품이었다. 엔비디아는 이 제품을 통해 단순한 그래픽 처리 장치를 넘어서, 병렬 연산을 통해 복잡한 연산 작업도 수행할 수 있는 다목적 장치를 만들고자 했다.

지포스256의 개발 과정에서 엔비디아는 기존 그래픽 카드 설계를 근본적으로 재구성했다. 이전까지의 그래픽 처리 장치들은 대부분 그래픽 데이터 렌더링에만 집중되었지만, 지포스256은 여기에 더해 변환(Transformation)과 조명(Lighting)까지 하드웨어에서 처리할 수 있는 T&L(Transformation & Lighting) 기능을 도입했다. 이를 통해 CPU가 담당하던 복잡한 3D 그래픽 연산을 GPU에서 직접 처리할 수 있게 되었으며, 게임과 같은 3D 환경에서 성능이 비약적으로 향상되었다.

엔비디아는 지포스256 개발 과정에서 병렬 연산 중요성에 주목했다. 당시 게임 및 3D 애플리케이션의 요구 사항이 더욱 복잡해지면서, CPU가 단독으로 모든 연산을 처리하는 데 한계를 드러냈다. 이를 해결하기 위해 엔비디아는 다수의 연산 작업을 병렬로 처리할 수 있는 GPU 아키텍처를 설계했고, 지포스256은 이를 통해 그래픽 처리 성능을 획기적으로 높였다.

또한 지포스256은 하드웨어에서 고정된 기능을 제공하는 방식이 아닌, 프로그래머가 자유롭게 그래픽 처리 기능을 제어할 수 있는 프로그래머블 셰이더 기능을 제공했다. 이는 엔비디아가 단순한 그래픽 카드 제조업체를 넘어, 기술적 혁신을 이끌어가는 선도 기업으로 자리매김하는 데 중요한 역할을 했다. 지포스256은 23만개 이상 트랜지스터를 집적해 당대 최고 수준의 연산 성능을 제공했으며, 초당 10만 개 이상 다각형을 처리할 수 있는 성능을 갖추고 있었다.

지포스256이 출시되던 1999년은 그래픽 처리 장치 시장의 경쟁이 더욱 치열해지던 시기였다. 특히 3dfx는 부두(Voodoo)3 시리즈를 통해 여전히 높은 시장 점유율을 유지하고 있었으며, ATI도 레이지128 시리즈로 시장에서 강력한 경쟁을 펼치고 있었다. 그러나 엔비디아는 리바128과 TNT2에서 얻은 성공을 발판으로, 지포스256을 통해 경쟁사들과 기술 격차를 벌리기 위한 전략을 세웠다.

당시 시장의 주요 트렌드는 3D 게임의 확산이었다. 3D 그래픽이 게임 산업 핵심 요소로 자리 잡으면서, 더욱 복잡한 그래픽 처리 능력이 요구되었다. 그러나 대부분의 그래픽 카드가 단순한 렌더링에만 집중한 반면, 지포스256은 하드웨어 T&L 기능을 통해 복잡한 3D 그래픽을 효율적으로 처리할 수 있었다. 이는 지포스 256이 시장에서 큰 성공을 거두는 데 중요한 역할을 했다.

엔비디아는 지포스256 마케팅 전략에도 많은 신경을 썼다. 단순히 기술적 우수성을 내세우는 것뿐만 아니라, 실제로 게임 개발자들과의 협력을 통해 지포스256을 활용한 게임들이 더 나은 성능을 발휘할 수 있도록 했다. 이를 통해 지포스256은 당시 출시된 많은 게임들에서 최적의 성능을 제공하며, 소비자들에게 큰 인기를 끌었다.

지포스256 성공은 엔비디아가 그래픽 처리 장치 시장에서 기술적 리더십을 확고히 하는 계기가 되었다. 특히 하드웨어 T&L 기능은 이후 많은 경쟁사들이 따라하는 기술적 표준이 되었으며, 엔비디아는 이를 통해 그래픽 처리 장치의 새로운 시대를 열었다. 지포스256의 성공은 이후 지포스 시리즈가 계속해서 발전해 나가는 토대가 됐다. 엔비디아가 그래픽 처리 기술을 선도하는 기업으로 자리잡는 데 결정적인 역할을 했다.

지포스 256은 그래픽 처리 장치 혁신을 상징하는 제품으로, 엔비디아 기술적 리더십을 확고히 다지는 데 중요한 역할을 했다. 이전까지 그래픽 카드들은 대부분 그래픽 처리에만 집중되어 있었으나, 지포스 256은 초당 수천 개 다각형을 렌더링할 수 있는 처리 능력을 갖춰 복잡한 3D 그래픽 환경에서 우수한 성능을 발휘했다. 지포스 256은 23만 개 이상 트랜지스터를 집적해 그래픽 연산 처리 성능을 극대화했으며, 이는 당시로서는 획기적인 성능 향상으로 평가되었다.

지포스 256은 하드웨어 T&L(Transformation & Lighting) 기능을 최초로 도입한 제품이었다. 이 기능은 그래픽 카드가 3D 모델 변환과 조명을 자동으로 처리할 수 있도록 해, CPU의 부담을 크게 줄였다. 이를 통해 게임 환경에서 더 복잡하고 사실적인 그래픽을 실시간으로 처리할 수 있게 되었으며, 이는 게임 개발자들에게 큰 호응을 얻었다. 지포스 256은 하드웨어 가속을 통해 그래픽 처리 속도를 대폭 향상시키면서도, CPU 부하를 줄여 시스템 전반의 성능을 높이는 데 기여했다.

지포스 256 성공 이후, 엔비디아는 지포스 시리즈를 지속적으로 확장하며 새로운 기술적 도전을 이어갔다. 지포스 2 시리즈는 지포스 256 기술적 기반을 바탕으로 더욱 향상된 성능을 제공했으며, 지포스 3 시리즈는 프로그래머블 셰이더를 도입해 그래픽 처리에서 더욱 세밀한 제어가 가능해졌다. 지포스 시리즈는 그래픽 처리 장치 성능을 계속해서 발전시키며, 게임 그래픽의 품질을 한층 높이는 데 중요한 역할을 했다.

지포스 시리즈는 게임 시장뿐만 아니라, 다양한 산업 분야에서 활용되기 시작했다. 게임 그래픽 처리 외에도 과학 시뮬레이션, 엔지니어링, 미디어 처리 등 다양한 분야에서 고성능 연산 능력이 요구되었고, 지포스는 이러한 요구를 충족시킬 수 있는 강력한 솔루션을 제공했다. 특히 지포스 시리즈는 멀티미디어 처리와 병렬 연산에 있어 독보적인 성능을 자랑하며, 엔비디아가 글로벌 그래픽 처리 장치 시장에서 강력한 입지를 다지는 데 기여했다.

엔비디아는 지포스 시리즈를 통해 그래픽 처리 장치 기술의 리더로 자리매김했으며, 이는 기업의 성장을 견인하는 주요한 동력이 되었다. 지포스 시리즈는 매년 새로운 버전이 출시되었으며, 각 버전마다 성능 향상과 더불어 새로운 기술이 추가되었다. 이를 통해 엔비디아는 전 세계 게이머와 개발자들에게 최고의 그래픽 처리 성능을 제공하게 되었고, 게임 산업의 발전에도 큰 기여를 하게 되었다.

결론적으로, 리바128과 지포스256의 개발 과정은 엔비디아의 기술적 도전과 시장 요구에 대한 대응이 결합된 결과였다. 엔비디아는 NV1 실패에서 교훈을 얻고, 다이렉트X 표준을 준수하며 시장에 적합한 제품을 개발하는 데 성공했다. RIVA 128은 엔비디아 첫 상업적 성공을 이끌어냈고, 지포스256은 엔비디아가 기술적 리더십을 확립하는 데 기여했다.

엔비디아의 경쟁과 도전

 엔비디아는 1990년대 후반부터 그래픽 처리 장치(GPU) 시장에서의 기술 혁신을 통해 선도적인 기업으로 성장해왔다. 특히 지포스(GeForce) 시리즈는 그래픽 기술의 상징으로 자리잡았으며, AMD의 라데온(Radeon) 시리즈와 치열한 경쟁을 벌이면서 성능과 혁신의 선두주자로 부상했다. 또한 엔비디아는 단순한 GPU 제조사를 넘어 다양한 산업 분야로 사업을 다각화했으며, 칩셋과 모바일 프로세서 시장에 진출해 지속적인 성장을 이뤘다. 마지막으로 CUDA(Compute Unified Device Architecture)와 병렬 컴퓨팅을 통해 GPU 활용 범위를 확장해 고성능 연산 분야에서도 핵심적인 역할을 담당했다.

1999년 지포스256 성공 이후, 엔비디아는 지포스 2, 3, 4 시리즈를 차례로 출시하며 기술적 리더십을 더욱 공고히 했다. 지포스 2 시리즈는 2000년에 출시되었으며, 기존 256의 아키텍처를 바탕으로 더 향상된 성능을 제공했다. 지포스 2는 초당 25백만 폴리곤을 처리할 수 있는 성능을 갖추고 있었다. 또 듀얼 텍스처 매핑과 멀티 텍스처 처리 기술을 통해 더욱 복잡한 그래픽을 구현할 수 있었다.

엔비디아는 지포스 2에서 성능 향상에 그치지 않고, 에너지 효율성 개선에도 중점을 두었다. 그래픽 카드 발열과 전력 소모는 고성능 GPU에서 큰 문제로 대두되었으며, 엔비디아는 이를 해결하기 위해 전력 효율적인 설계를 도입했다. 지포스2는 경쟁사인 ATI의 라데온(Radeon) 시리즈와 경쟁에서 우위를 점하며, 시장 점유율을 더욱 확대했다.

2001년 출시된 지포스3 시리즈는 프로그래머블 셰이더 기술을 도입해 그래픽 처리의 유연성과 성능을 한 단계 더 끌어올렸다. 프로그래머블 셰이더는 개발자들이 GPU 그래픽 처리 과정을 직접 제어할 수 있도록 해, 다양한 시각 효과를 실시간으로 구현할 수 있게 했다. 이는 게임 그래픽 품질을 크게 개선했다. 엔비디아는 이를 통해 게임 산업에서 더욱 중요한 기술 파트너로 자리

잡았다.

지포스4 시리즈는 2002년 출시되는데 성능 향상과 더불어 멀티 디스플레이 지원을 강화했다. 특히 지포스4 Ti 4600 모델은 당시 최고 성능 GPU로 평가받으며 게이머들 사이에서 큰 인기를 끌었다. 지포스4 시리즈는 멀티미디어 애플리케이션에서도 우수한 성능을 발휘했으며, 이를 통해 엔비디아는 게이밍 시장뿐만 아니라, 다양한 산업 분야에서 입지를 강화했다.

라데온9000

엔비디아의 주요 경쟁자인 ATI는 2000년 라데온(Radeon) 시리즈를 출시하며 본격적인 경쟁에 나섰다. 라데온 시리즈는 초기부터 높은 성능과 합리적인 가격을 내세워 시장에서 좋은 반응을 얻었다. 특히 라데온 8500은 엔비디아 지포스3와 직접 경쟁하며 주목받았다. 라데온 8500은 DirectX 8.1 지원과 뛰어난 셰이더 성능을 제공해, 게임 그래픽 품질에서 엔비디아와 견줄 만한 경쟁력을 갖추었다.

ATI는 이후에도 성능을 계속 개선한 라데온9000 시리즈를 출시하며 엔비디아와 경쟁을 이어갔다. 라데온9000 시리즈는 멀티텍스처 처리 성능에서 우수한 평가를 받았으며, 특히 중급 GPU 시장에서 인기를 끌었다. 하지만 엔비디아는 지포스4 시리즈를 통해 라데온과 성능 격차를 벌리며 고성능 GPU 시장에서 우위를 유지했다.

라데온 시리즈는 게이밍 시장에서 높은 성능을 제공하는 동시에, 합리적인 가격대를 유지해 보급형 제품에서도 좋은 성과를 거두었다. 이에 맞서 엔비디아는 성능과 가격 균형을 맞춘 다양한 제품군을 출시하며 중저가 시장에서도 점유율을 확대해 나갔다. 또한 엔비디아는 새로운 기술 도입을 통해 지속적으로 경쟁에서 우위를 확보하려 했다.

엔비디아는 단순히 GPU 제조업체에 머무르지 않고, 다양한 사업 분야로 확장을 모색했다. 그 과정에서 엔비디아는 칩셋과 프로세서 시장에 진출하며, 그래픽 처리 기술을 넘어 전체 컴퓨팅 생태계에서 중요한 역할을 맡기 시작했다. 특히 엔포스(nForce) 칩셋과 모바일 프로세서 시장으로 진출은 엔비디아의 다각화 전략에서 중요한 요소로 작용했다.

2001년, 엔비디아는 엔포스라는 브랜드로 칩셋 시장에 진출했다. 엔포스 칩셋은 CPU와 GPU 연결을 효율적으로 처리하며, 메모리 대역폭과 데이터 처리 성능을 크게 향상시키는 것이 특징이었다. 엔비디아는 그래픽 처리 장치에서 쌓은 기술력을 칩셋 설계에 접목해, 고성능 PC와 게이밍 시스템에서의 성능을 극대화하는 데 주력했다.

엔포스 칩셋의 주요 특징은 듀얼 채널 DDR 메모리 지원과 고속 I/O 인터페이스였다. 이를 통해 데이터 전송 속도가 크게 향상되었고, 게임이나 멀티미디어 작업에서 더욱 원활한 성능을 제공할 수 있었다. 또한 엔포스 칩셋은 통합 그래픽 기능을 지원해, 별도 그래픽 카드를 사용하지 않는 시스템에서도 기본적인 3D 그래픽 성능을 제공했다. 이는 중저가 PC 시장에서 경쟁력을 확보하는 데 큰 도움이 되었다.

아이러니하게도 엔비디아의 엔포스 칩셋은 AMD와 협력을 통해 주로 AMD 기반 시스템에서 사용되었으며, 엔비디아는 이를 통해 칩셋 시장에서 입지를 강화했다. 특히 엔포스2 칩셋은 AMD

애슬론(Athlon) 프로세서와 결합해 높은 성능을 제공하며, 엔비디아가 칩셋 시장에서도 성공을 거두는 계기가 되었다.

2000년대 중반, 엔비디아는 모바일 프로세서 시장으로 진출하며 새로운 성장 동력을 모색했다. 모바일 디바이스 성능이 점차 고도화되면서, 고성능 그래픽과 저전력 연산을 동시에 제공할 수 있는 프로세서 수요가 증가하고 있었다. 엔비디아는 이러한 시장의 변화를 포착하고, 모바일 프로세서 시장에서의 입지를 강화하기 위해 테그라(Tegra)라는 모바일 AP(Application Processor) 브랜드를 출범시켰다.

테그라 프로세서는 CPU와 GPU를 하나의 칩셋에 통합한 SoC(System on Chip) 방식으로 설계되었으며, 스마트폰, 태블릿, 임베디드 시스템 등 다양한 모바일 기기에 사용되었다. 테그라 프로세서는 저전력 설계로 배터리 효율성을 극대화하는 동시에, 강력한 그래픽 성능을 제공해 모바일 게임과 멀티미디어 처리에서 탁월한 성능을 발휘했다.

특히 테그라2 프로세서는 2010년 출시된 이후, 업계 최초로 듀얼 코어 CPU를 탑재한 모바일 AP로 주목받았다. 테그라2는 안드로이드 기반 태블릿과 스마트폰에서 사용되었으며, 고화질 비디오 재생과 고사양 모바일 게임에서도 뛰어난 성능을 제공했다.

이를 통해 엔비디아는 모바일 AP 시장에서 새로운 경쟁자로 자리 잡았다. 엔비디아는 다양한 모바일 디바이스 제조업체들과의 협력을 통해 시장 점유율을 확대해 나갔다.

테그라 시리즈는 이후에도 성능을 지속적으로 개선하며, 테그라3, 테그라4 등 차세대 제품으로 이어졌다. 특히 테그라 4는 쿼드 코어 CPU와 72개의 GPU 코어를 탑재해, 당시 가장 강력한 모바일 AP 중 하나로 평가받았다. 이를 통해 엔비디아는 모바일 시장에서의 입지를 더욱 강화하며, GPU와 칩셋을 넘어서 모바일 프로세서 분야에서도 중요한 역할을 수행했다.

엔비디아는 2006년 GPU 기반 병렬 컴퓨팅 플랫폼인 CUDA(Compute Unified Device Architecture)를 발표하며, GPU의 활용 범위를 획기적으로 확장했다. CUDA는 기존 GPU가 주로 그래픽 처리에 사용되던 것에서 벗어나, 다양한 고성능 연산 작업을 처리할 수 있도록 해주는 기술이었다. 이를 통해 GPU는 단순히 게임이나 멀티미디어 애플리케이션에만 사용되는 것이 아니라, 과학 연구, 데이터 분석, 인공지능(AI) 등 다양한 분야에서 중요한 연산 장치로 활용될 수 있었다.

CUDA는 엔비디아가 GPU 병렬 처리 능력을 최대한 활용할 수 있도록 개발한 소프트웨어 플랫폼이다. 기존의 CPU는 일렬로 연산 작업을 처리하는 직렬 처리 방식에 최적화되어 있었지만, GPU는 다수의 작은 코어를 이용해 병렬로 작업을 처리할 수 있는 특성을 가지고 있었다. CUDA는 이러한 GPU 특성을 이용해, 복잡한 연산 작업을 병렬로 처리함으로써 성능을 극대화할 수 있도록 했다.

CUDA의 도입은 단순한 하드웨어 기술 혁신을 넘어서, 소프트웨어 개발자들에게 새로운 가능성을 열어주었다. CUDA는 프로그래머가 C, C++ 등의 기존 프로그래밍 언어를 사용해 GPU에서 실행되는 코드를 작성할 수 있게 해주었으며, 이를 통해 다양한 분야에서 GPU를 활용한 병렬 연산 작업을 수행할 수 있게 되었다. 이는 GPU를 고성능 컴퓨팅(HPC) 분야에서도 활용할 수 있도록 만든 중요한 혁신이었다.

특히 과학 연구 분야에서는 CUDA를 통해 복잡한 시뮬레이션이나 데이터 처리 작업을 빠르게 수행할 수 있었다. 예를 들어, 분자 모델링, 기후 예측, 천체 물리학 시뮬레이션 등에서 대규모 데이터를 처리해야 하는 작업에 GPU를 활용해 성능을 크게 향상시킬 수 있었다. CUDA는 이러한 연구 분야에서 필수적인 도구로 자리잡았으며, 엔비디아는 이를 통해 고성능 컴퓨팅 시장에서도 중요한 역할을 수행하게 되었다.

엔비디아 쿠다

CUDA 도입과 함께 등장한 개념이 GPGPU(General-Purpose computing on Graphics Processing Units)이다. GPGPU는 그래픽 처리에 국한되지 않고, 일반적인 연산 작업에도 GPU를 활용하는 방식을 의미한다. GPU는 본래 그래픽 렌더링을 위해 설계되었지만, 수천 개의 작은 코어를 이용해 병렬로 작업을 처리할 수 있는 능력 덕분에, 데이터 처리나 과학 연산 등에서도 뛰어난 성능을 발휘할 수 있었다.

GPGPU의 도입은 데이터 과학, 인공지능(AI), 금융 모델링, 생명과학 등 다양한 산업 분야에서 GPU를 활용할 수 있는 길을 열어주었다. 특히 딥러닝 분야에서는 GPGPU를 통해 대규모 신경망 훈련을 빠르게 수행할 수 있게 되었으며, 이는 AI 연구와 개발에 큰 영향을 미쳤다. 엔비디아는 이를 통해 GPU가 단순한 그래픽 처리 장치를 넘어, 고성능 컴퓨팅과 AI 혁신을 이끄는 핵심 기술로 자리매김할 수 있었다.

GPGPU는 병렬 처리 능력을 극대화한 GPU의 특성을 활용해, CPU가 처리할 수 없는 대규모 데이터를 효율적으로 처리할 수 있게 만들어주었다. 예를 들어, 복잡한 수학적 계산, 암호화 처리, 대규모 데이터베이스 탐색 등에서 GPGPU를 사용하면 성능을 크게 향상시킬 수 있었다. 엔비디아는 CUDA 플랫폼을 통해 GPGPU 가능성을 극대화했으며, 이를 통해 다양한 산업 분야에서 GPU의 활용이 확대되었다.

결론적으로, 엔비디아는 지포스 시리즈를 통해 그래픽 처리 장치 시장에서 확고한 리더십을 구축했으며, AMD 라데온 시리즈와 경쟁을 통해 지속적인 기술 혁신을 이루어냈다. 또한 칩셋과 모바일 프로세서 시장으로의 다각화를 통해 사업 영역을 확장했으며, CUDA와 GPGPU 기술을 통해 GPU의 활용 범위를 고성능 컴퓨팅, 과학 연구, 인공지능 등으로 확장하는 데 성공했다.

엔비디아의 이러한 혁신은 단순히 그래픽 처리 기술을 넘어, 전 세계 컴퓨팅 산업 전반에 걸쳐 중요한 역할을 하는 핵심 기업으로 성장하게 만든 원동력이 되었다.

엔비디아(NVIDIA)와 AMD(당시 ATI로 시작한) 경쟁은 GPU 시장의 발전을 이끈 주요 요인이었다.

두 회사는 지속적으로 기술 혁신을 추구하며 성능과 가격 경쟁에서 우위를 점하기 위해 치열한 싸움을 벌였다. 엔비디아는 1999년 지포스 256을 통해 GPU 시장 선두주자로 자리 잡았고, ATI는 2000년 라데온 시리즈를 출시하면서 본격적으로 엔비디아에 도전장을 내밀었다. 이러한 경쟁은 시장 요구에 부응하는 제품 혁신을 촉발했고, 두 회사 모두 각자의 강점을 살리며 경쟁을 이어갔다.

2000년대 초, 게임 산업의 급격한 성장과 함께 3D 그래픽 처리 성능 향상에 대한 수요가 폭발적으로 증가했다. 게임 개발자들은 더 사실적이고 복잡한 그래픽을 실시간으로 구현하기 위해 고성능 GPU를 요구했으며, 소비자들 역시 게임 성능에 중요한 영향을 미치는 GPU 선택에 민감해졌다. 이러한 배경 속에서 엔비디아와 ATI는 성능 경쟁을 벌이며 시장에서 점유율을 높이기 위해 전력을 다했다.

2000년에 출시된 엔비디아의 지포스 2 시리즈는 지포스 256에 비해 성능이 크게 개선된 제품이었다. 지포스 2는 듀얼 텍스처 처리와 더 높은 폴리곤 처리 성능을 자랑했으며, 이를 통해 게임에서 더욱 부드럽고 세밀한 그래픽을 구현할 수 있었다. 이에 맞서 ATI는 2000년에 첫 라데온 시리즈를 선보였다. 라데온 7200

과 7500은 엔비디아의 제품과 직접 경쟁하며, ATI는 지포스 2 성능에 맞먹는 수준의 그래픽 품질을 제공했다.

경쟁이 본격화된 것은 ATI가 2001년에 라데온 8500을 출시하면서부터였다. 라데온 8500은 다이렉트tX 8.1을 지원하며, 하드웨어 가속을 통한 피셀이 세밀하게 표현되는 프로그램 가능 셰이더를 도입했다. 이 기술은 ATI가 기술적으로 엔비디아를 따라잡는 데 중요한 역할을 했다. 당시 엔비디아 지포스3 시리즈와 라데온 8500은 성능 면에서 비슷한 수준에 있었고, 둘 다 뛰어난 3D 그래픽 성능을 자랑했다. 이로 인해 소비자들은 더 많은 선택권을 가지게 되었으며, 시장은 두 회사의 성능 경쟁으로 인해 빠르게 발전했다.

AMD와 엔비디아 간 경쟁은 단순히 성능에 국한되지 않고, 가격 경쟁에서도 치열하게 전개되었다. 고성능 제품군 외에도 두 회사는 중저가 GPU 시장을 놓고도 격렬한 싸움을 벌였다. 중저가 시장은 세계적으로 더 많은 소비자를 대상으로 하고 있었기 때문에, 이 부문에서 성과는 두 회사 전체 시장 점유율에 큰 영향을 미쳤다.

엔비디아는 2002년 지포스4 시리즈를 출시하며 고성능과 중저가 제품군을 모두 아우르는 전략을 구사했다. 지포스 4 Ti 시리즈는 고성능을 제공하는 하이엔드 제품으로, 당시 가장 뛰어난 성능을 자랑했다. 반면 지포스4 MX 시리즈는 중저가 시장을 겨냥한 제품으로, 가격 대비 성능이 뛰어난 제품군이었다. 이는 엔비디아가 고성능과 대중성을 동시에 만족시키기 위해 마련한 전략이었다.

ATI도 이에 맞서 가격 경쟁력을 갖춘 라데온 9000 시리즈를 출시했다. 라데온9000 시리즈는 성능 면에서 지포스4 Ti와는 직접 경쟁하지 않았지만, 중저가 시장에서 지포스4 MX 시리즈와 맞붙었다. ATI는 라데온 9000 시리즈의 가격 경쟁력을 강화하면서, 보급형 시장에서도 중요한 경쟁자로 자리 잡게 되었다. 엔비디아와 ATI의 이러한 가격 경쟁은 소비자들에게 더욱 합리적인 선택을 제공했고, 전 세계적으로 GPU 시장의 빠른 확장을 이끌어냈다.

2000년대 초, 그래픽 처리 장치 역할은 단순히 게임 그래픽을 처리하는 것에서 벗어나, 다양한 분야에서 고성능 연산을 처리할 수 있는 중요한 컴퓨팅 도구로 자리 잡기 시작했다. 이에 따라 두 회사는 단순한 성능 경쟁을 넘어, 기술적 차별화를 꾀하기 시작했다. 엔비디아는 병렬 처리 능력을 극대화하는 데 집중했고, ATI는 전력 효율성과 성능 간의 균형을 맞추는 데 중점을 두었다.

시장에서는 게임뿐만 아니라 다양한 멀티미디어 애플리케이션과 3D 모델링, 동영상 편집, 그리고 과학적 시뮬레이션 등에서 고성능 연산을 필요로 했다. 이러한 요구에 부응하기 위해 두 회사는 그래픽 처리 장치의 유연성과 기능성을 강화했다. 엔비디아는 하드웨어 T&L 기능과 프로그래머블 셰이더 기술을 통해 그래픽 카드가 CPU 부하를 줄이고, 더욱 복잡한 그래픽 연산을 처리할 수 있도록 설계했다.

특히 엔비디아는 2006년 CUDA를 도입하며 병렬 연산 분야에서의 활용을 극대화했다. CUDA는 그래픽 처리 장치를 단순한 그래픽 렌더링 도구에서 벗어나, 고성능 컴퓨팅(HPC) 분야에서도 활용할 수 있는 도구로 전환했다. 엔비디아는 이를 통해 과학 연구, 데이터 분석, 인공지능(AI) 등에서 GPU가 중요한 연산 장치로 자리 잡을 수 있도록 만들었다. 이 기술적 혁신은 엔비디아가 경쟁에서 한 발 앞서 나가는 중요한 요소가 되었다.

반면 AMD는 2006년 ATI를 인수한 후, 성능 대비 전력 효율을 강화하는 방향으로 GPU 개발을 진행했다. ATI가 원래부터 강점을 보였던 전력 효율성은 AMD의 CPU와 결합해 고성능을 유지하면서도 저전력 소비를 실현하는 통합 솔루션으로 진화했다. 특히, AMD는 하이엔드 GPU 시장에서의 경쟁력을 유지하면서도, 통합 그래픽 카드와 저전력 GPU를 개발해 소비자들의 다양한 요구를 만족시키려 했다. AMD의 이러한 전략은 전력 소모가 중요한 모바일 시장과 데이터 센터 환경에서 큰 호응을 얻었다.

엔비디아와 AMD 간의 경쟁은 두 회사 모두에게 긍정적인 영향을 미쳤다. 성능 경쟁은 그래픽 기술의 빠른 발전을 이끌어냈고, 가격 경쟁은 소비자들에게 더 합리적인 선택지를 제공했다. 시장에서의 기술 요구와 소비자들의 기대는 두 회사를 끊임없이 혁신으로 몰아넣었으며, 이는 결과적으로 GPU 성능의 비약적인 발전으로 이어졌다.

엔비디아는 고성능 게임 그래픽과 고성능 컴퓨팅을 목표로 지속적인 혁신을 추구했고, AMD는 성능과 전력 효율성 간의 균형을 맞추며 소비자들에게 다양한 선택권을 제공했다. 두 회사의 경쟁은 단순히 기술적 우위를 다투는 것뿐만 아니라, 시장의 요구에 얼마나 빠르고 유연하게 대응할 수 있느냐가 중요해졌다. 특히, 소비자와 개발자들은 성능뿐만 아니라 가격, 전력 효율성, 멀티미디어 지원 등 다양한 요소를 종합적으로 고려하며 GPU를 선택하기 시작했다.

결국, 엔비디아와 AMD의 경쟁은 GPU 기술 발전을 촉진하고, 시장에서 새로운 트렌드를 만들어냈다. 두 회사는 경쟁 속에서도 서로의 강점을 인식하고, 각각의 시장 요구에 맞춘 제품을 개발하며 성장해왔다. 엔비디아의 CUDA와 GPGPU 기술은 고성능 병렬 연산을 필요로 하는 시장에 혁신적인 해법을 제공했으며, AMD의 통합 그래픽 솔루션은 저전력 고효율 제품을 원하는 소비자들에게 큰 호응을 얻었다. 이러한 경쟁은 GPU 시장 발전을 지속적으로 이끌었으며, 그래픽 기술의 새로운 가능성을 열어주는 중요한 요인이 되었다.

엔비디아와
게임산업의 성장

　엔비디아(NVIDIA)는 2000년대 중반부터 급성장하는 게임 산업과 밀접한 관계를 유지하며, 고성능 그래픽 처리 장치(GPU)를 통해 게임 그래픽 기술의 발전을 이끌어왔다. 특히 GeForce 6, 7, 8 시리즈는 엔비디아의 기술적 리더십을 증명한 제품들이며, 이를 통해 게임 개발자들은 더욱 사실적이고 몰입감 있는 게임 환경을 구축할 수 있었다. 이 시기는 게임 산업의 비약적인 성장과 함께 3D 그래픽 기술이 급속히 발전한 때였다. 엔비디아는 이러한 시장의 흐름에 발맞추어 GPU 기술을 혁신적으로 발전시켰다.

　2004년부터 출시된 지포스6 시리즈는 엔비디아 그래픽 기술 혁신을 상징하는 중요한 제품군이다. 이 시리즈는 최초로 다이렉트X 9.0c와 셰이더 모델 3.0을 지원한 GPU로, 그래픽 처리 성능을 크게 향상시키며 게임 그래픽의 질을 한 차원 높였다. 셰이더 모델 3.0은 프로그래머블 셰이더의 성능을 크게 개선하여, 더욱 세밀한 그래픽 효과를 실시간으로 구현할 수 있도록 했다. 이를 통해 게임 개발자들은 더욱 사실적이고 복잡한 그래픽을 표현할 수 있게 되었고, 게임의 몰입감이 극적으로 향상되었다.

특히 지포스6 시리즈는 SLI(Scalable Link Interface) 기술을 도입하여, 두 개 이상 그래픽 카드를 하나의 시스템에 연결해 성능을 극대화할 수 있도록 했다. 이는 고사양 게임에서 더욱 부드럽고 빠른 그래픽 처리를 가능하게 하며, 게임 애호가들 사이에서 큰 인기를 끌었다. 또한 지포스6 시리즈는 고해상도 텍스처 처리와 HDR(High Dynamic Range) 렌더링을 지원해, 게임에서 더욱 현실적이고 생생한 빛과 그림자를 표현할 수 있게 했다.

이어 출시된 지포스7 시리즈는 2005년에 등장하여 그래픽 기술을 또 한 번 진화시켰다. 이 시리즈는 특히 초당 프레임 수(FPS)를 극적으로 높여, 빠른 속도와 반응성을 요구하는 게임에서 뛰어난 성능을 발휘했다. 지포스7 시리즈는 HDR 렌더링을 더욱 개선해, 게임에서 밝기와 명암비를 정교하게 조정할 수 있게 했다. 이를 통해 게임에서 조명 효과와 디테일이 크게 향상되었고, 보다 현실적인 환경을 구축할 수 있었다. 또한, 이 시리즈는 멀티 GPU 지원을 통해 고성능을 원하는 게이머들에게 유연한 성능 확장을 제공했다.

지포스8 시리즈는 2006년에 출시되며 GPU의 새로운 기준을 세웠다. 지포스 8800 GTX는 다이렉트X 10을 지원하는 최초의 GPU로, 그래픽 처리 성능을 획기적으로 향상시켰다. 다이렉트X 10은 게임 그래픽의 복잡성과 사실성을 크게 높였으며, 지포스 8 시리즈는 이를 최대한 활용할 수 있는 하드웨어 성능을 제공했다. 특히 지포스 8 시리즈는 통합 셰이더(Shader Model 4.0)를 도입해, 픽셀 셰이더와 버텍스 셰이더를 통합 처리할 수 있는 구조를 구축했다. 이는 그래픽 처리의 효율성을 극대화하면서도, 더욱 세밀한 그래픽 효과를 구현하는 데 기여했다.

지포스 시리즈 발전과 함께 게임 산업은 전례 없는 성장을 경험했다. 2000년대 중반은 3D 그래픽이 게임 산업에서 필수적인 요소로 자리 잡은 시기였으며, 고사양 게임들이 본격적으로 시장에 등장하기 시작했다. 게임 개발자들은 더욱 사실적인 그래픽과 물리적 시뮬레이션을 구현하기 위해 고성능 GPU 지원을 필요로 했고, 엔비디아는 이러한 수요에 발맞추어 혁신적인 기술을 제공했다.

2000년대 중반, 게임 산업은 단순한 오락을 넘어 엔터테인먼트 산업의 주요 부분으로 성장하고 있었다. 온라인 게임, MMO(Massively Multiplayer Online) 게임, 그리고 3D 오픈 월드 게임들이 인기를 끌면서, 게임의 그래픽 품질과 몰입감을 높이는 것이 중요한 경쟁 요소로 부상했다. 소비자들은 더 사실적인 그래픽과 부드러운 게임 플레이를 요구했고, 이를 실현하기 위해서는 고성능 그래픽 처리 장치가 필수적이었다.

이 시기에는 특히 게임 그래픽의 복잡성과 디테일이 급격히 증가하면서, GPU의 역할이 더욱 중요해졌다. 게임 개발자들은 높은 폴리곤 수, 복잡한 셰이더 효과, 사실적인 조명과 그림자 표현을 구현하기 위해 GPU 성능 최대치를 끌어낼 수 있는 기술을 필요로 했다. 이와 같은 요구는 엔비디아와 같은 GPU 제조사에게 있어 큰 기회였으며, 엔비디아는 지포스 시리즈를 통해 게임 산업의 이러한 기술적 요구를 충족시켰다.

엔비디아는 고성능 GPU 개발을 통해 게임 산업에서 중요한 기술적 파트너로 자리 잡았다. 지포스 6, 7, 8 시리즈는 게임 개발자들에게 새로운 그래픽 기술을 제공함으로써, 게임 시각적 품질과 성능을 획기적으로 향상시켰다. 특히 다이렉트X와 긴밀한 협력은 엔비디아가 최신 게임 엔진에서 최적 성능을 발휘할 수 있도록 만들었으며, 이를 통해 많은 게임 개발자들이 엔비디아의 GPU를 선택하게 되었다.

지포스6 시리즈에서 도입된 SLI 기술은 게이머들에게 큰 호응을 얻었다. SLI는 두 개 이상 GPU를 동시에 사용하여 그래픽 성능을 향상시키는 기술로, 고사양 게임에서의 성능을 극대화할 수 있었다. 이는 특히 e스포츠와 같은 경쟁적인 게임 환경에서 중요한 역할을 했으며, 프로 게이머들과 하드코어 게이머들 사이에서 큰 인기를 끌었다. 또한 SLI 기술은 그래픽 렌더링 속도를 비약적으로 높일 수 있었기 때문에, 고해상도 모니터와 멀티 모니터 환경에서도 부드러운 게임 플레이를 가능하게 했다.

지포스8 시리즈는 다이렉트X 10과 통합 셰이더 기술을 도입하며 게임 그래픽의 질적 도약을 이끌어냈다. 다이렉트X 10은 더욱 세밀한 그래픽 표현을 가능하게 했으며, 물리적 시뮬레이션, 고해상도 텍스처, 동적 조명과 같은 복잡한 그래픽 요소들을 처리할 수 있었다. 엔비디아는 이러한 기술적 요구를 충족시키기 위해 하드웨어 성능을 비약적으로 향상시켰고, 이는 게임 그래픽 품질을 크게 개선하는 결과를 가져왔다. 특히 지포스 8800 GTX는 당대 최고의 성능을 자랑하며, 게임 산업의 기술적 진보에 큰 기여를 했다.

지포스 8800 GTX

 엔비디아는 단순히 고성능 GPU를 개발하는 것에 그치지 않고, 게임 개발자들과 긴밀한 협력을 통해 더욱 최적화된 게임 환경을 제공했다. 엔비디아는 게임 개발 키트와 SDK(Software Development Kit)를 제공해, 개발자들이 엔비디아의 GPU에서 최적의 성능을 끌어낼 수 있도록 지원했다. 또한 피직스(PhysX)와 같은 물리 엔진을 개발해, 게임에서의 물리적 상호작용을 더욱 사실적으로 구현할 수 있도록 했다. 이러한 기술적 지원은 게임 개발자들에게 큰 도움이 되었으며, 엔비디아의 GPU는 게임 개발 과정에서 필수적인 도구로 자리 잡았다.

특히 엔비디아 피직스 기술은 게임 내에서 물리적 상호작용을 현실감 있게 구현하는 데 중요한 역할을 했다. 예를 들어, 캐릭터의 움직임, 물체의 충돌, 파괴 효과 등이 더욱 자연스럽고 사실적으로 표현될 수 있었다. 이는 특히 액션 게임이나 슈팅 게임에서 큰 영향을 미쳤으며, 게임 플레이의 몰입감을 높이는 데 기여했다.

엔비디아는 또한 게임 출시 전에 특정 게임에 최적화된 드라이버 업데이트를 제공해, GPU가 해당 게임에서 최고의 성능을 발휘할 수 있도록 했다. 이는 소비자들이 게임을 플레이할 수 있는 환경을 더욱 원활하게 만들어주었고, 엔비디아 GPU 사용자들에게 최고의 게임 성능을 제공하는 중요한 요소로 작용했다. 이러한 드라이버 최적화는 엔비디아가 게임 산업과의 긴밀한 협력을 바탕으로, 게임 개발사들이 엔비디아의 하드웨어 성능을 최대한 활용할 수 있도록 지원하는 데 집중했음을 보여준다.

게임 산업과 엔비디아 간 시너지 효과는 2000년대 중반을 넘어 더욱 강화되었다. 이 시기에는 3D 그래픽이 게임의 핵심 요소로 자리 잡으면서, 그래픽 기술의 발전이 게임의 성공에 중요한 영향을 미쳤다. 엔비디아는 이러한 게임 산업의 변화에 발맞추어 지속적으로 혁신적인 GPU 기술을 도입했고, 이는 게임 개발자들에게 새로운 가능성을 열어주었다. 특히 AAA급 게임들이 고사양 그래픽을 요구하면서 엔비디아의 역할은 더욱 중요해졌다.

2000년대 중반부터 게임 개발자들은 고사양의 AAA급 게임을 제작하는 데 많은 자원을 투자하기 시작했다. 이 시기는 특히 대형 오픈 월드 게임, 사실적인 그래픽을 강조한 FPS(1인칭 슈팅) 게임, 그리고 MMORPG(다중 사용자 온라인 롤플레잉 게임)들이 대중적인 인기를 끌면서, 게임 그래픽 품질과 성능이 성공의 중요한 요소로 부각되던 시기였다. 예를 들어, 크라이시스(Crysis)와 같은 게임은 당시 최고 수준 그래픽을 요구하는 게임으로, 고성능 GPU 없이는 원활한 플레이가 거의 불가능했다.

엔비디아는 이러한 고사양 게임 등장과 함께, GPU 성능을 극대화하는 기술을 개발해 게임 산업과의 시너지를 더욱 강화했다. 지포스8 시리즈 등장으로 다이렉트X 10을 지원하는 GPU가 대중화되면서, 게임 개발자들은 더 복잡하고 현실적인 그래픽 효과를 구현할 수 있었다. 이는 물리적 상호작용, 입자 효과, 고해상도 텍스처, 그리고 사실적인 조명과 그림자 효과를 강화하는 데 크게 기여했다.

예를 들어, '크라이시스'는 지포스8 시리즈에서 다이렉트X 10 기능을 최대한 활용하며, 당시 가장 현실적인 그래픽을 구현한 게임으로 평가받았다. 이 게임은 물리적 파괴, 동적 조명, 그리고 세밀한 텍스처 처리 등을 통해 높은 몰입감을 제공했다. 게임의 성공은 엔비디아 GPU의 성능을 최대한 활용한 결과였으며, 이는 게임 개발자들이 새로운 기술을 바탕으로 혁신적인 그래픽을 구현할 수 있다는 점을 잘 보여주는 사례였다.

크라이시스

게임 산업에서 GPU는 단순한 그래픽 처리 장치를 넘어, 게임의 전반적인 성능과 플레이 경험을 좌우하는 핵심 요소로 자리 잡았다. 게임 그래픽의 복잡성과 현실감이 중요해지면서, 게임 개발자들은 GPU의 성능을 극대화하기 위해 다양한 기술을 도입하기 시작했다. 엔비디아는 이러한 기술적 요구를 충족시키기 위해 지속적으로 GPU의 성능을 향상시켰으며, 이는 게임의 품질과 플레이 경험을 더욱 개선하는 결과를 가져왔다.

또한, 게임 내에서 물리적 상호작용, 고해상도 그래픽, 그리고 화려한 비주얼 효과는 엔비디아의 GPU 기술이 발전하면서 더욱 정교하게 구현될 수 있었다. 예를 들어, 엔비디아 GPU는 복잡한 물리적 상호작용을 실시간으로 처리할 수 있는 능력을 갖추고 있어, 게임에서 캐릭터의 움직임, 물체의 충돌, 그리고 환경의 변화가 자연스럽고 일관되게 표현될 수 있었다. 이는 게임 플레이의 몰입감을 극대화하며, 사용자 경험을 한층 더 향상시켰다.

특히 엔비디아는 GPU에서의 병렬 연산 처리 능력을 활용해, 게임에서 대규모 연산 작업을 효율적으로 처리할 수 있도록 했다. 이는 특히 대규모 오픈 월드 게임이나, 다중 플레이어가 동시에 참여하는 온라인 게임에서 중요한 역할을 했다. 게임 내에서 복잡한 상호작용과 대규모 환경을 렌더링하는 데 필요한 연산 작업을 엔비디아 GPU가 효율적으로 처리함으로써, 게임의 성능을 향상시키고 더욱 부드러운 플레이 경험을 제공할 수 있었다.

2000년대 후반부터 온라인 게임과 e스포츠는 게임 산업에서 중요한 축으로 자리 잡기 시작했다. 이는 게임의 몰입도와 그래픽 품질에 대한 소비자들의 요구를 더욱 높였고, GPU 성능이 중요한 요소로 작용하게 되었다. 엔비디아는 이러한 변화에 발맞추어 온라인 게임과 e스포츠에서 최적의 성능을 제공할 수 있는 GPU를 개발했다.

특히, 고사양의 온라인 게임이나 e스포츠 타이틀들은 초당 프레임 수(FPS)가 매우 중요한 요소로 작용했다. 부드럽고 빠른 반응 속도가 경쟁에서 승리하는 데 결정적인 역할을 하기 때문에, 고성능 GPU는 e스포츠 선수들과 프로 게이머들 사이에서 필수적인 장비로 자리 잡았다. 엔비디아는 이 같은 요구에 대응하기 위해 지포스 시리즈 성능을 지속적으로 개선하며, 더 높은 프레임 속도와 낮은 지연 시간을 제공하는 제품을 출시했다.

또한, 엔비디아는 e스포츠에 최적화된 그래픽 카드 드라이버와 소프트웨어 업데이트를 제공해, 게임 플레이 중 발생할 수 있는 성능 저하나 기술적 문제를 최소화했다. 이를 통해 게이머들은 자신이 소유한 하드웨어에서 최고의 성능을 발휘할 수 있었으며, 이러한 최적화된 성능은 e스포츠 경기에서 중요한 경쟁 요소로 작용했다. 지포스 8 시리즈는 이러한 고성능 요구를 충족시키며, e스포츠와 온라인 게임에서 널리 사용되었다.

엔비디아의 GPU는 단순히 게임 그래픽 성능을 높이는 데 그치지 않고, 멀티미디어 콘텐츠 처리에서도 중요한 역할을 했다. 게임과 영화, 애니메이션, 가상현실(VR) 등 다양한 콘텐츠가 융합되면서, 엔비디아의 GPU는 이러한 복합적인 미디어 환경에서도 뛰어난 성능을 발휘했다. 지포스 시리즈는 고해상도 비디오 렌더링, 실시간 3D 애니메이션, 그리고 복잡한 멀티미디어 처리 작업에서 중요한 기술적 도구로 자리 잡았다.

특히 가상현실(VR) 기술이 발전하면서, 게임과 가상현실을 결합한 콘텐츠가 점차 늘어났다. VR 게임은 기존 게임보다 훨씬 더 높은 수준 그래픽 처리 능력을 요구하며, 이는 엔비디아와 같은 GPU 제조사에게 새로운 도전이자 기회가 되었다. 엔비디아는 VR 콘텐츠를 지원하는 고성능 GPU를 개발하며, VR 게임의 몰입감을 극대화할 수 있도록 기술적 혁신을 지속했다.

엔비디아는 기술적 리더십을 증명한 제품을 내놓았고 제품들은 게임 산업 급성장과 함께 중요한 역할을 했다. 엔비디아는 게임 산업의 기술적 요구를 충족시키기 위해 지속적으로 성능을 개선했고, 게임 개발자들과의 협력을 통해 더욱 혁신직인 게임 그래픽을 구현할 수 있는 기반을 마련했다. 게임과 엔비디아 간 시너지 효과는 게임 플레이 경험을 획기적으로 변화시키며, 전 세계 게임 산업의 성장을 이끄는 중요한 동력이 되었다.

엔비디아의
혁신과 확장

　엔비디아는 2011년부터 2020년까지 혁신적인 기술 개발과 전략적 확장을 통해 단순한 GPU 제조업체에서 글로벌 기술 리더로 자리매김했다. 이 기간 동안 엔비디아는 모바일 프로세서, 데이터센터, 인공지능(AI), 그리고 고성능 게임 그래픽 기술에서 중요한 역할을 수행하며, 다양한 산업 분야로의 확장을 모색했다. 특히 스마트폰 시장의 폭발적 성장, 데이터센터 및 클라우드 산업의 확장, 암호화폐 채굴과 같은 신흥 산업의 부상은 엔비디아 사업 다각화에 큰 영향을 미쳤다.

　엔비디아는 2010년대 초반부터 GPU 외에 모바일 프로세서 시장으로 진출하면서 새로운 성장 동력을 모색했다. 테그라 프로세서 도입은 엔비디아가 모바일 및 임베디드 시장에 본격적으로 진입하는 첫 단계였다. 테그라는 CPU와 GPU를 단일 칩셋에 통합한 SoC(System on Chip) 방식으로 설계되어, 스마트폰, 태블릿, 그리고 자동차와 같은 임베디드 시스템에 사용되었다.

테크라2는 엔비디아의 첫 번째 주요 모바일 프로세서로, 듀얼 코어 CPU를 탑재한 혁신적인 제품이었다. 이 칩셋은 고성능과 저전력 설계가 특징으로, 당시 고사양을 요구하는 스마트폰과 태블릿에서 큰 호응을 얻었다. 테그라2는 2011년에 구글의 태블릿 레퍼런스 기기인 모토로라 줌(Xoom)과 같은 주요 기기에 탑재되며 시장에서 인지도를 높였다.

2012년에는 테그라3가 출시되면서, 엔비디아는 쿼드 코어 CPU와 GPU 병렬 처리 성능을 극대화했다. 테그라3는 여러 스마트폰과 태블릿 기기에 탑재되며, 모바일 게임 성능을 획기적으로 개선했다. 또한 전력 효율성을 대폭 향상시키며, 모바일 디바이스에서 배터리 수명을 연장할 수 있었다. 테그라 시리즈는 특히 안드로이드 기반 기기들에서 널리 채택되었으며, 엔비디아는 이를 통해 모바일 시장에서의 입지를 강화해 나갔다.

스마트폰의 폭발적인 성장은 엔비디아 테그라 시리즈 성공에 중요한 역할을 했다. 2010년대 중반, 모바일 기기의 성능이 점차 데스크톱 수준에 근접해지면서 GPU와 CPU 성능이 중요한 경쟁 요소로 떠올랐다. 엔비디아는 이러한 트렌드에 발맞춰, 모바일 장치에서도 고사양의 그래픽 성능을 제공하는 데 주력했다.

엔비디아는 스마트폰 외에도 자동차, 로봇 등 다양한 임베디드 시장에서 테그라 프로세서를 적용하기 시작했다. 특히 자율주행차 산업이 발전하면서, 엔비디아는 자동차용 테그라 프로세서를 통해 자율주행 기술을 지원했다. 2015년, 엔비디아는 자율주행차에 특화된 테그라 X1 칩을 발표했으며, 이는 자율주행 차량에서 실시간으로 복잡한 데이터 연산과 그래픽 처리를 담당하는 데 중요한 역할을 했다.

엔비디아는 자동차 제조업체들과 파트너십을 통해 자율주행차 및 인포테인먼트 시스템에서 테그라 프로세서를 널리 보급했다. 이러한 전략적 확장은 엔비디아가 단순히 소비자용 GPU 제조업체에서 벗어나, 자동차 산업을 포함한 다양한 분야로 진출하는 계기가 되었다.

엔비디아는 2010년대 중반부터 자율주행차 기술 발전에 기여하며, 자동차 산업에서 중요한 역할을 수행하기 시작했다. 자율주행 기술은 차량이 도로 상황을 스스로 인식하고, 실시간으로 데이

테그라3

터를 분석해 판단을 내리는 복잡한 연산 과정을 요구한다. 이러한 과정을 처리하기 위해서는 고성능 연산 장치가 필수적인데, 엔비디아 테그라 프로세서는 자율주행차에서 이러한 요구를 충족시키기 위한 핵심 기술로 자리잡았다.

  2015년, 엔비디아는 테그라 X1 칩을 발표하며 자율주행차 시장에 본격적으로 진입했다. 테그라 X1은 256개의 GPU 코어를 포함한 강력한 병렬 처리 성능을 제공하며, 자율주행차가 도로에서 발생하는 복잡한 데이터를 실시간으로 처리할 수 있도록 했다. 이 칩은 자율주행차가 도로 환경을 인식하고, 센서 데이터를 분석하며, 주행 경로를 설정하는 데 필요한 모든 과정을 수행할 수 있는 강력한 연산 능력을 제공했다.

이후 엔비디아는 자율주행차를 위한 드라이브(DRIVE) PX 플랫폼을 발표하며, 차량 AI 연산과 비전 처리에서 핵심적인 역할을 담당했다. 드라이브 PX는 다중 카메라, 레이더, 라이다(LiDAR) 등의 센서를 통해 실시간으로 수집된 데이터를 처리하며, 자율주행 시스템의 신뢰성과 안전성을 강화했다. 특히 딥 러닝을 통해 도로 상황을 학습하고, 스스로 주행 결정을 내리는 자율주행 기술은 엔비디아의 GPU와 테그라 프로세서를 통해 가능해졌다.

자율주행차는 매우 복잡한 환경에서 실시간으로 작동해야 하기 때문에, CPU만으로는 처리할 수 없는 대량 데이터를 병렬로 처리할 수 있는 GPU 역할이 중요하다. 엔비디아는 자율주행 기술 핵심인 실시간 데이터 분석과 인공지능을 통해 자율주행차의 '두뇌' 역할을 담당하는 연산 플랫폼을 제공했다. 이는 테슬라, 벤츠, BMW, 볼보와 같은 글로벌 자동차 제조사들과의 파트너십을 통해 자율주행차 산업에서 중요한 위치를 차지하게 했다.

엔비디아는 2010년대 초반부터 데이터센터와 고성능 연산 분야로 확장을 모색했다. 특히 테슬라(Tesla) 시리즈 GPU는 데이터센터

2017년 CES에서 협력을 발표하는 사자드 칸 메르세데스-벤츠 디지털 차량 및 모빌리티 부문 부사장(사진 우측 하단 왼쪽)과 젠슨 황 엔비디아 공동창립자 겸 CEO (출처: 엔비디아)

에서 고성능 컴퓨팅(HPC)과 AI 연산을 위한 목적으로 개발된 제품으로, 이 분야에서 엔비디아 성장을 이끄는 핵심 요소가 되었다.

테슬라 시리즈는 병렬 연산에 최적화된 GPU 아키텍처를 기반으로, 빅데이터 분석, 인공지능 훈련, 과학 시뮬레이션 등에서 탁월한 성능을 발휘했다. 엔비디아는 데이터센터에서 GPU 가속을 통해 CPU만으로 처리하기 어려운 복잡한 연산 작업을 효율적으로 해결할 수 있도록 지원했다. 테슬라 시리즈는 주로 연구소, 대기업, 그리고 클라우드 서비스 제공업체들에서 채택되며, 데이터센터 시장에서 점차 그 입지를 넓혀 나갔다.

2010년대 중반, 인공지능(AI) 산업은 딥 러닝(Deep Learning) 부상으로 급성장하기 시작했다. 엔비디아는 이 시기 자사 GPU 기술을 AI 연산에 활용하기 위한 적극적인 전략을 펼쳤다. 딥 러닝은 대량의 데이터를 신경망을 통해 학습시키는 방식으로, 이 과정에서 막대한 연산 능력이 필요했다. 엔비디아는 테슬라 시리즈 GPU와 CUDA(Compute Unified Device Architecture) 플랫폼을 통해 딥 러닝 훈련 및 추론에서 GPU의 병렬 처리 성능을 극대화했다.

딥 러닝과 인공지능(AI) 기술이 급성장함에 따라, AI 훈련과 추론 작업에 GPU가 필요하게 되었다. 엔비디아는 테슬라 시리즈를 통해 데이터센터와 AI 연산 시장에서 점차 강력한 입지를 다져갔다. 엔비디아는 AI와 딥 러닝 모델 훈련에서 필수적인 하드웨어로 자리매김하며, 암호화폐와 AI 시장이 동시에 성장하는 시점에 큰 수혜를 보았다.

암호화폐 시장은 일시적인 과열 후 수요가 줄어들기도 했으나, 엔비디아는 이러한 변동성을 데이터센터와 AI 사업 확장을 통해 상쇄할 수 있었다. 특히 AI 연산 수요는 데이터센터 인프라 확장을 필요로 했고, 엔비디아는 이러한 변화에 맞춰 GPU 제품을 지속적으로 발전시켜 나갔다. 암호화폐와 AI 시장은 서로 상호작용하며 엔비디아 성장을 가속화시켰으며, 엔비디아는 데이터센터, 클라우드, 암호화폐, 그리고 AI 분야에서 필수적인 기술 공급자가 되었다.

2016년, 엔비디아는 딥 러닝과 AI 시장에서의 경쟁력을 강화하기 위해 새로운 파스칼(Pascal) 아키텍처 기반 GPU를 출시했다. 이 GPU는 데이터센터와 AI 연구에서 뛰어난 성능을 제공하며, AI 산업 전반에 걸쳐 널리 사용되었다. 엔비디아는 AI 분야에서 성과를 바탕으로 자사의 제품 포트폴리오를 확장했으며, AI 연구소, 클라우드 서비스 제공업체, 자율주행차 기업들과의 협력을 통해 AI 기술의 핵심 파트너로 자리매김했다.

엔비디아의 GPU는 딥 러닝 알고리즘 훈련 속도를 크게 향상시키며, AI 연구자들에게 필수적인 도구로 자리 잡았다. 특히, 음성 인식, 이미지 분류, 자율주행차, 의료 영상 분석 등 다양한 분야에서 엔비디아의 GPU는 AI 기술 발전을 가속화하는 데 중요한 역할을 했다.

2016년에 출시된 지포스 GTX 10 시리즈는 엔비디아의 파스칼 아키텍처를 기반으로 개발된 고성능 게이밍 GPU로, 게임 그래픽 성능의 새로운 기준을 제시했다. 이 시리즈는 16nm 핀펫 공정으로 제작되어, 이전 세대에 비해 성능이 비약적으로 향상되었으며, 전력 효율성도 크게 개선했다.

GTX 1080 그래픽 카드

GTX 1080은 당시 최고 성능 GPU로 평가받으며, 4K 해상도에서 게임을 실행하는 데 최적화된 성능을 제공했다. 또한 GTX 10 시리즈는 가상현실(VR) 지원을 강화하여, VR 게임 및 애플리케이션에서 부드러운 그래픽을 구현할 수 있도록 했다. VR 기술이 대중화되면서 엔비디아의 GTX 시리즈는 게임 산업뿐만 아니라, VR 콘텐츠 제작과 같은 새로운 분야에서도 중요한 역할을 담당하게 되었다.

2018년, 엔비디아는 지포스 RTX 시리즈를 발표하며 실시간 레이 트레이싱 기술을 공개했다. 레이 트레이싱은 광원에서 출발하는 빛의 경로를 추적해 사실적인 조명, 반사, 그림자를 구현하는 기술로, 기존의 래스터화 방식과는 차원이 다른 그래픽 품질을 제공했다.

RTX 시리즈는 엔비디아 터닝(Turing) 아키텍처를 기반으로 개발되었으며, 전용 RT 코어를 통해 실시간 레이 트레이싱을 구현했다. 이는 게임 그래픽에서 사실적인 조명과 반사 효과를 제공해, 게임의 시각적 품질을 크게 향상시켰다. 특히 RTX 2080과 RTX 2080 Ti는 4K 해상도에서도 뛰어난 성능을 발휘하며, 게임 산업에서 레이 트레이싱 기술을 대중화하는 데 중요한 역할을 했다.

RTX 시리즈는 엔비디아 DLSS(Deep Learning Super Sampling) 기술과 결합해, 그래픽 성능을 향상시키면서도 전력 소비를 줄이는 혁신적인 기술을 도입했다. DLSS는 AI 기반 업스케일링 기술로, 게임 해상도를 AI가 학습한 데이터를 바탕으로 보정해 더욱 부드럽고 선명한 그래픽을 제공했다. 이를 통해 RTX 시리즈는 고성능 게임 환경에서 더욱 효율적인 전력 소비를 실현했으며, 이는 고사양 게임과 e스포츠에서 중요한 요소로 자리잡았다.

2019년, 엔비디아는 데이터센터 네트워킹 기술의 선도 기업인 멜라녹스(Mellanox)를 69억 달러에 인수하며 데이터센터 기술 강화를 위한 중요한 발판을 마련했다. 멜라녹스는 고성능 컴퓨팅

(HPC)과 데이터센터에서 사용되는 네트워크 기술을 전문으로 하며, 특히 인피니밴드(InfiniBand)와 이더넷 솔루션을 통해 데이터센터의 데이터 전송 속도를 크게 향상시켰다.

이 인수는 엔비디아가 GPU 기반 연산 외에도 데이터센터 내에서 네트워킹 성능을 강화하기 위한 전략적 결정으로 평가되었다. 멜라녹스 기술은 엔비디아 데이터센터 GPU와 결합되어, AI와 고성능 컴퓨팅 작업에서 데이터 처리 속도를 극대화할 수 있었다. 이는 엔비디아가 데이터센터 시장 경쟁력을 한층 강화하는 데 기여했으며, 클라우드 서비스 제공업체와 협력을 통해 데이터센터 인프라 성능을 극대화하는 데 중요한 역할을 했다.

이 같은 행보를 종합하면, 엔비디아는 2010년대 후반부터 다양한 산업 분야와 전략적 파트너십을 통해 사업 확장을 가속화했다. 특히 자동차, 의료, 금융, 그리고 로보틱스 분야에서 엔비디아 GPU 기술을 활용한 협력 관계를 구축하며, GPU 활용 범위를 확대했다.

자동차 산업에서는 자율주행 기술을 개발하는 데 있어 엔비디아 GPU가 핵심적인 역할을 했다. 엔비디아는 주요 자동차 제조사들과 협력해 자율주행차에서 실시간으로 데이터를 분석하고 연산할 수 있는 GPU 기반 솔루션을 제공했다. 또, 의료 분야에서는

에얄 왈드만 멜라녹스 사장 겸 CEO(왼쪽)와 젠슨 황 엔비디아 창립자 겸 CEO
(출처: 엔비디아)

엔비디아 AI 기술이 의료 영상 분석, 유전자 분석, 그리고 신약 개발 과정에서 활용되었다.

2011년부터 2020년까지 엔비디아는 다양한 혁신과 확장을 통해 GPU 제조업체에서 벗어나, 모바일, 데이터센터, 인공지능, 그리고 자율주행차와 같은 다양한 산업 분야에서 중요한 기술 파트너로 자리매김했다.

테그라 프로세서를 통한 모바일 시장 진출, 테슬라 시리즈를 통한 데이터센터와 AI 분야에서 성장은 엔비디아 미래 비전을 실현하는 중요한 동력이었다. 지포스 GTX와 RTX 시리즈는 게임 그래픽에서 새로운 기준을 제시하며, 게임 산업 발전과 함께 기술 혁신을 보여주었다.

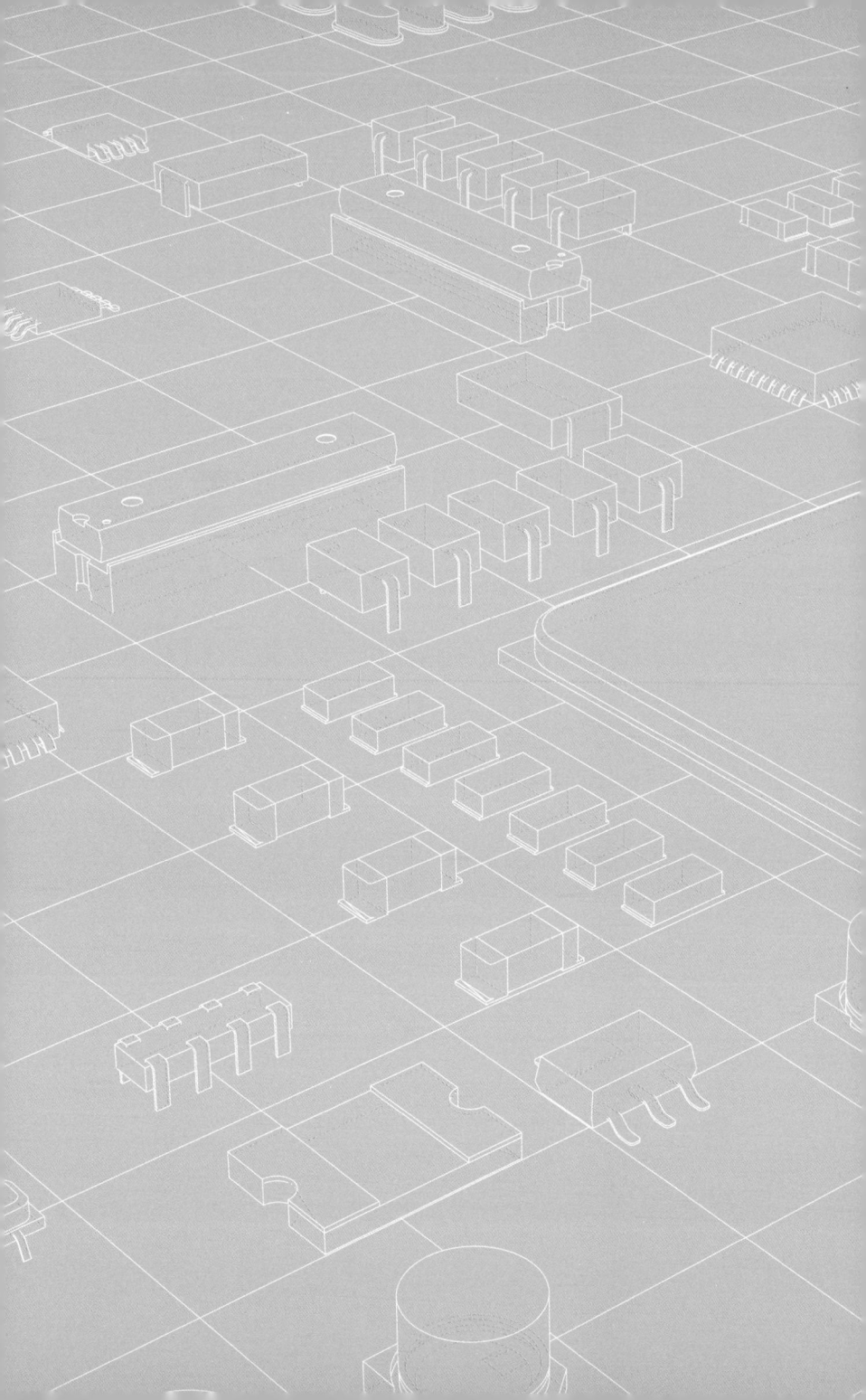

PART 2

엔비디아의 현재

1 ——— HPC · AI 특화 반도체로 초격차 굳히기
2 ——— 챗GPT 등장으로 독주 가속화
3 ——— 예상치 못한 미국 정부의 제재
4 ——— 세계 1등주 등극한 엔비디아
5 ——— 엔비디아의 영향을 받는 기업들

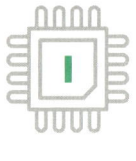

HPC·AI 특화 반도체로 초격차 굳히기

2010년대 중후반 비트코인 등 암호화폐가 엔비디아 그래픽처리장치(GPU) 성장에 도움을 줬다면 2016년 '알파고'가 만들어낸 국면에서 새로운 기회가 열렸다. 바로 인공지능(AI) 산업 분야다. GPU가 딥러닝·머신러닝 등 AI 학습에 필요한 필수재로 자리매김하면서 엔비디아 GPU는 단연 주목을 받았다. 딥러닝은 컴퓨터가 외부 정보를 조합해 연산하고 값을 찾아내는 학습 방법이다.

GPU는 2016년 바둑기사 이세돌 9단과 구글 AI '알파고'의 대국으로 주목받기 시작했다. AI 학습에 있어 GPU는 빼놓을 수 없는 필수 요소라는 것은 모두가 수긍하는 바다. 기존 GPU는 디스

2016년 3월 15일, 서울 광화문 포시즌스 호텔에서 구글 딥마인드 '알파고'와 최종 대국을 마친 뒤 이세돌 9단(왼쪽)이 데미스 하사비스 딥마인드 대표로부터 선물을 받고 있다. (출처: 구글코리아)

플레이상에 객체의 형태를 구현하기 위한 그래픽카드로 주로 사용됐다. 방대한 이미지 픽셀을 처리하기 위한 병렬구조가 대규모 데이터 처리에 적합했고, AI 연산에 활용되기 시작했다.

AI 분야에서 본격적인 GPU 활용에 훨씬 앞서 젠슨 황 엔비디아 최고경영자(CEO)와 엔비디아는 2010년부터 딥러닝 시장을 중요 시장으로 분류한 것으로 알려졌다. 딥러닝은 2010년대 초반부터 전공자·전문가 사이에서 널리 알려지기 시작했다. 구글의 브레인 프로젝트나 스탠포드대학에서 딥러닝 강좌가 열리는 등 관련 행사가 개최되고 딥러닝 관련 지식 습득을 위한 기회가 제공된 것이다.

이러한 일련의 상황은 딥러닝에 대한 관심이 점차 늘어난 계기가 됐다. 특히 2012년 세계적으로 권위 있는 기계학습대회 'ILSVRC'(ImageNet Large Scale Visual Recognition Challenge)에서 이미지를 분류하는 AI 'AlexNet'이 1등을 차지하며 딥러닝에 대한 관심이 본격적으로 나타나기 시작했다. AI가 이미지를 정확히 분류했다는 데 쏠린 관심이었다.

당시 AlexNet은 1000개 카테고리에 100만개 이상 이미지가 포함된 이미지넷(ImageNet)에서 교육을 받은 신경망으로, 테스트에서 15.3% 오류율을 달성하며 유의미한 성공을 거뒀다. 이미지 분류 과정에서 딥러닝의 활용 잠재력을 세상에 보여준 사례다. 상당한 양의 행렬 곱셈이 필요했는데 여기에 엔비디아 GPU가 활용됐다. 그러면서 엔비디아 GPU 주목도가 높아졌다. 딥러닝 핵심인 심층 신경망 훈련에서 엔비디아 GPU 효율성을 입증한 것이다.

여기에서 엔비디아는 GPU의 병렬식 연산을 딥러닝에 활용하면 중요한 빅데이터 융합과 연산 능력 가속화로 더 나은 학습이 가능해질 것이라는 결론에 도달했다. AI 분야에서 GPU 병렬 컴퓨팅 구조로 최대 효율을 볼 수 있다는 확신이 든 것이다. 엔비디아는 딥러닝 등 AI 특화 반도체를 개발·상용화하는 것은 물론, GPU를 과학기술·컴퓨팅 및 AI를 위한 필수 도구로 인식시키는 작업에 돌입했다. 기존 게임시장 중심의 GPU 사업에서 나아가 아키텍처를 변화, 딥러닝용 GPU 개발도 시작했다. 딥러닝에 특화된 하드웨어와 소프트웨어 생태계 조성에 힘쓰기 시작했다.

2013년 11월 엔비디아는 딥러닝 특화 초기 GPU인 '테슬라 K40'을 개발했다. 이 GPU는 비교할 수 없는 컴퓨팅 성능과 방대한 메모리 대역폭을 제공하며 딥러닝 연구 커뮤니티에서 빠르게 유명해졌다. 지금 기술과 비교하면 완벽하지 않은 딥러닝 GPU 모델임에도 기존에 몇 주 걸리던 모델학습 시간을 줄이는 데 크게 일조한 것은 물론, 동시에 더 빠른 반복 복잡한 모델학습이 가능해져 AI 학습 성능을 획기적으로 개선했다.

왜 컴퓨터의 모든 연산을 담당하며 단독 동작이 가능한 중앙처리장치(CPU)가 아닌 GPU가 였을까. 결론을 얘기하자면 앞서 언급했듯 병렬 연산이 가능한 GPU가 동시다발적으로 단순 반복 학습이 이뤄져야 하는 딥러닝에 최적화된 장치다. CPU가 없으면 모든 장치가 동작하지 않는다. GPU 역시 CPU가 있는 컴퓨터 본체와 연결돼 있어야만 작동한다. CPU는 말 그대로 컴퓨터의 모든 연산을 담당하는 중앙의 핵심 장치다. 다양한 변수가 있는 복잡한 로직을 가진 프로그램 구동에 적합하다.

GPU는 연산을 수행한다. 컴퓨터 전반의 기본적인 흐름과 관리·제어는 CPU에서 관장하고, GPU는 대규모 계산을 수행하는 구조가 일반적인 AI 학습의 전형이다. GPU는 실행해야 할 연산이 확정된 상황에서 계산을 반복하는 것에 최적화돼 있다. CPU도 AI 학습에 참여는 하고 있지만, 학습만 놓고 볼 땐 GPU의 역할이 더 크다. 이세돌 9단과 싸워 이긴 구글 알파고에는 2만개의 반도체가 들어갔다. 절대 다수가 중앙처리장치(CPU) 기반이었다. 그러나 엔비디아 그래픽처리장치(GPU)가 대량 연산을 빨리할 수 있는 AI 반도체로 자리 잡으며 시장을 독점하기 시작했다.

정해진 시간 내 얼마나 많은 데이터를 학습할 수 있는지가 바로 GPU 성능에 따라 좌우되고 있다. AI 시대에 GPU가 각광 받는 반도체일 수밖에 없는 이유다. GPU는 주어진 임무에 대해 빠르고 확실하게, 동시다발적으로 마무리가 가능한 숙련된 기업 인재와 같은 역할을 담당하는 것이다.

엔비디아 '테슬라 V100' (출처: 엔비디아)

엔비디아는 AI 학습에 높은 GPU 활용도를 고려, GPU가 딥러닝 계산을 가속할 수 있도록 연구개발을 지속했다. 그 결과, 2017년 딥러닝 계산을 가속할 수 있게 설계된 텐서코어가 포함된 볼타 아키텍처를 개발했다. 이어 딥러닝에 특화된 텐서 코어를 탑재한 최초의 GPU 테슬라 V100을 공개했다. 테슬라 V100은 당시 가장 고도화된 가속기로 쿠다(CUDA) 코어 5120개, 트랜지스터 210억개, 초당 900기가바이트(900GB/s)의 16기가바이트(GB) 크기 3세대 HBM(HBM2)을 탑재했다.

테슬라 V100은 AI 분야에서 엔비디아의 독주에 시동을 걸었다. 전작 대비 50% 높은 에너지 효율은 물론, 딥러닝을 위한 전용 텐서 코어를 갖춰 최대 12배 높은 테라 플로팅 포인트 연산 속도(TFLOPS)를 제공했다. TFLOPS는 1초당 부동소수점 1조개의 연산을 수행할 수 있는 컴퓨팅 성능 단위다. 주로 GPU 성능을 평가하는 지표다. TFLOPS 성능이 높은 컴퓨터는 방대한 양의 데이터 처리를 필요로 하는 머신러닝·딥러닝 등 AI 알고리즘 작업에 효율적으로 활용될 수 있다. 또 과학 연구, 시뮬레이션, 3D 랜더링, 데이터센터 등 HPC 분야에서도 복잡한 계산을 빠르게 처리하는 데 필수적이다. 일부 암호화폐 채굴에도 유리한 것으로 알려져 있다.

2018년에는 게이밍과 AI 분야에서 성능 강화를 지원하는 GPU를 선보이며 시장 선도 사업자로 입지를 공고히했고, 데이터 사이언스를 위한 GPU 가속 지원을 목표로 오픈소스 소프트웨어 라이브러리 래피즈(Rapids)를 출시했다. 래피즈는 머신러닝을 가속하는 플랫폼으로, 더 빠른 반복 학습과 처리를 통해 많은 기업의 데이터 분석, 머신러닝, AI 운영 강화에 활용됐다. 래피즈는 데이터 사이언스 파이프라인을 완전히 GPU에서 실행하기 위한 일체의 오픈소스 소프트웨어 라이브러리와 응용프로그램 인터페이스(API)로, 트레이닝 시간을 며칠에서 몇 분으로 줄일 수 있다는 게 강점이다.

엔비디아는 최대한 다양한 환경에서 서비스를 제공하고, 호환성을 극대화하는 전략을 지속하고 있다. 래피즈가 대표적이다. 래피즈는 수년에 걸친 개발을 통해 그래픽, 머신러닝, 딥러닝, 고성능컴퓨팅(HPC) 등 기능을 통합 제공한다. 데이터 사이언스 트레이닝 파이프라인 전체를 GPU에서 실행한다. 데이터 로딩과 사전처리부터 머신러닝, 그래프 분석, 비주얼라이제이션에 이르는 모델 트레이닝 시간을 단 몇 분으로 줄일 수 있다.

나아가 파이썬(Python)을 사용하는 데이터 사이언티스트도 코드 변경 없이 같은 도구를 사용할 수 있게 지원한다. 다수 이용자가 활용하는 파이썬 인터페이스로 GPU 병렬 처리와 높은 메모리 대역폭을 제공, 래피즈 도입 진입장벽을 낮췄다. 또 클라우드나 온프레미스 등 데이터 환경 관계없이 다양한 규모로 어디서든 실행할 수 있다. 엔비디아 AI 전문가 지원 등으로 엔터프라이즈 대기업의 데이터 사이언스에도 충분히 활용할 수 있었다.

이렇게 AI 분야에서 CPU보다 각광 받는 글로벌 GPU 시장에서 엔비디아의 독주가 본격화됐다. 엔비디아는 자사 GPU 생태계를 조성하고 경쟁력을 강화하기 위해 오픈 플랫폼을 구축했다. 엔비디아 GPGPU(General-Purpose computing on Graphics Processing Units) 기술 '쿠다(CUDA·Compute Unified Device Architecture)'가 대표적이다. GPU는 시작이 그래픽카드다. 학습에 불필요한 구성 부품이 다수 있고 추가 장치 또한 필요하다. 하지만 GPGPU는 컴퓨터 그래픽스를 위한 계산을 맡았던 GPU의 범용 계산 방식으로, CPU가 수행해온 응용프로그램 연산 기능을 가능하게 하는 기술이다. 과학, 기상, 천문 연구 등에 활용된다.

쿠다는 프로그래밍 C언어를 비롯해 산업 표준 언어를 사용해 작성할 수 있도록 개발된 엔비디아 독자 GPGPU다. GPU에서 수행하는 병렬 처리 알고리즘을 표준 프로그래밍 언어를 사용해 만들도록 지원한다. C언어와 같은 표준 언어로 GPU를 편리하게 활용할 수 있어 편리하다. 'AI 개발자나 GPU 프로젝트를 담당하는 모두가 쿠다를 알고 있다'는 말이 나올 정도로 유명하다. GPU 기반 AI 서비스를 개발하는 데 있어 편의성과 실용성 측면에서 쿠다를 대체할 서비스가 없다는 평가도 있을 정도다.

엔비디아는 이런 강점이 있는 쿠다를 통해 GPU 시장에서 입지를 공고히 하고 있다. 쿠다는 엔비디아 G8X GPU로 구성된 지포스 8 시리즈급 이상에서 동작하는 것으로 알려져 있다. 쿠다 자체는 그래픽 전문가뿐 아니라 모든 프로그래머가 사용할 수 있도록 무료 공개돼 있지만, 엔비디아 GPU에서만 활용할 수 있다. AI 개발에 있어 GPU를 대체할 방법은 아직 나오지 않았고, 쿠다는 GPU 사용에 최적화돼 있어 수요자들은 쿠다 그리고 엔비디아 GPU를 택할 수밖에 없다. 자연스러운 락인(Lock-in) 효과다.

엔비디아 쿠다 로고 (출처: 엔비디아)

쿠다가 등장하기 전까지는 전문가만 GPU를 활용한 프로그래밍을 할 수 있었다. 쿠다 없이 GPU로 병렬 연산 처리를 하려면 Cg, DirectX, Open GL 등 셰이더 명령어를 사용해야 하는데 비전문가가 사용하기에는 복잡했다. GPU를 활용한 개발 자체가 전문가 영역인 데다 AI도 잘 알고 GPGPU를 위한 셰이더 명령어도 이해하고 있으며, 응용프로그램 인터페이스(API) 복잡성을 모두 알고 있는 전문가가 많지 않았다는 점에서 AI 관련 GPU 프로그래밍은 특정 전문가에게만 허용된 영역이었다. 하지만 쿠다의 등장으로 더 많은 사람이 GPU 프로그래밍을 할 수 있게 됐다. GPU 시장에서 쿠다 활용에 필요한 엔비디아 GPU 비중이 자연스레 높아지는 계기가 됐다.

현재 AI 개발을 위해 엔비디아 GPU와 쿠다를 사용하는 것만큼 괜찮은 선택지를 찾기 어렵다는 게 중론이다. AI 개발자들이 '쿠다 없이는 개발을 못해'라는 농담을 한다는 말이 있을 정도다. GPU 프로그래밍에 쿠다를 빼놓을 수 없고, AI 개발에 있어 GPU가 필수인 만큼 AI 개발을 위해 쿠다는 물론, 쿠다를 사용할 때 연동돼야 하는 엔비디아 GPU도 반드시 필요한 상황이다. GPU를 사용하기 위해 쿠다를 활용한다기보다, 쿠다의 편의성을 누리기 위해 GPU로 엔비디아 제품을 택하는 결정을 내린다는 평가도 자연스럽다. 엔비디아는 이러한 강점을 바탕으로 세계 GPU 시장의 80% 이상을 점유한 것으로 추산된다.

엔비디아는 현재 시장 수요에 안주하지 않고 제품 경쟁력을 지속하기 위해 GPU 프로세서를 멈추지 않고 개발하며 소프트웨어 생태계를 조성하는 노력도 병행하고 있다. 젠슨 황 CEO가 주요 글로벌 행사에서 '커뮤니티'와 '플랫폼'을 강조하는 것도 이와 같은 맥락이다. 엔비디아는 GPU 프로세서를 개발한 것에서 나아가 쿠다로 GPU 소프트웨어 생태계도 수직 계열화한 것이다.

AI 학습에는 알고리즘이나 GPU뿐만 아니라 시뮬레이션 플랫폼과 여러 가지 최적화된 소프트웨어가 필요하다. 이러한 기술은 빅테크 기업을 제외한 스타트업이나 중소기업 등에서 빠르게 자체적으로 구현하기 쉽지 않다. 엔비디아는 AI 알고리즘부터 엣지 디바이스에서 제공하는 서비스까지 모두 포함하는 엔드 투 엔드 솔루션도 지원한다. 자율주행에 필요한 요소 기술을 제공하는 엔비디아 드라이브(DRVIE)가 대표적이다. NVIDIA ISAAC, METROPOLIS 등과 같은 로봇 솔루션도 마찬가지다. 엔비디아가 AI 산업 후발 주자들에게 AI 자체 개발 이외 대안을 제시한 것이며 생태계를 넓혀 시장 지배력을 공고히 하고 있다.

쿠다를 능가할 대안이 나오지 않는 이상 엔비디아의 독주는 지속될 것으로 전망된다. 2023년 미국 스타트업 모듈러가 쿠다의 대안 소프트웨어 개발에 대한 투자 유치를 진행한다는 외신 보도가 나왔다. AI 개발자가 AMD, 인텔, 구글 등 엔비디아가 아닌 다른 기업에서 설계한 반도체에서 쉽게 AI 학습이 가능하도록 소프트웨어를 개발한다는 계획에 세계의 이목이 집중됐다. 모듈식 구성 요소로 파이토치나 텐서플로 같은 주요 AI 프레임워크의 프론트엔드를 통합해 GPU 프로그래밍을 지원할 것으로 알려졌는데 아직 새로운 소식은 업데이트되고 있지 않다.

　페이스북 운영사 메타와 생성형 인공지능(AI) '챗GPT'로 세상을 떠들썩하게 했던 오픈AI 등이 자체 AI 반도체를 개발하고 있지만, 최소 5년간 엔비디아의 글로벌 시장 독주가 지속될 것이라는 전망이 나온다. 특히 AI 산업 분야에서 엔비디아 GPU 핵심 프레임워크인 쿠다의 지배력이 유지되는 한 당분간 엔비디아 GPU의 경쟁력은 계속해서 유지될 것이라는 분석이다.

챗GPT 등장으로
독주 가속화

　엔비디아 그래픽처리장치(GPU) 사업은 인공지능(AI) 산업과 함께 동반성장을 거듭했다. 엔비디아는 AI 전용 GPU 'H100' 'A100' 등을 개발·제공하며 시장 수요 대비 공급이 부족할 정도로 AI 반도체 시장에서 깅세를 보였다. 엔비디아가 AI 반도체 시장을 지속 선도하고 있는 가운데 완벽하게 새로운 고성장 기회가 생겼다. 바로 세상을 놀라게 한 AI 서비스가 탄생됐다. 오픈AI는 묻고 답하는 데 능숙한 생성형 AI '챗GPT'를 선보였다. '무엇이든 물어보세요' 같은 느낌으로 다양한 질문을 하면 AI가 즉답하는 형태다.

　오픈AI 고급 AI 음성 비서 'GPT-4o'를 예로 들면 텍스트 이해, 음성 인식, 이미지 인식 기능 등이 통합된 멀티모달 모델을 적용해 사용자와 실시간 음성 대화를 통해 질문하고 답변을 요청할 수 있게 설계됐다. GPT-4o 오디오 입력 응답시간은 232밀리초(1000분의 232초)로 사람의 응답시간과 비슷하다. 지난해 이미 챗GPT를 하루 사용하는 이용자 수가 1000만명을 돌파한 상황에서 세계 도처에서 쏟아지는 질문에 실시간 응답을 하기 위해서는 신속한 병렬 연산 처리가 가능한 GPU를 충분히 대량으로 확보하는 게 필수다. 오픈AI뿐만 아니라 구글, 삼성, 애플 등 글로벌 빅테크 모두 각자 생성형 AI를 준비하는 상황에서는 수요가 공급을 따라갈 수 없다. 엔비디아의 지속 성장에 대한 전망이 나오는 이유다.

  오픈AI가 챗GPT의 AI 학습 과정에서 활용한 GPU가 엔비디아의 V100이었던 것이 밝혀지면서 엔비디아 GPU 경쟁력 또한 급상승했다. 더불어 순식간에 AI 최대 수혜주로 각광 받게 됐다. 생성형 AI 서비스 개화기에 맞물려 엔비디아의 GPU 공급이 수요를 따라가지 못하는 상황 등 긍정적인 시장 전망에 엔비디아는 2023년 6월 13일 미국 기업 중 일곱 번째로 시총 1조달러 클럽에 합류하며 위상을 높였다. 시장조사업체 딜로이트는 엔비디아가 향후 AI 반도체 시장점유율의 97%를 차지할 만큼 앞으로 성장성이 더욱 기대되는 기업이라고 평가했다.

엔비디아가 미리 AI 시대를 대비해 AI 전용 GPU를 개발하고 상용화한 게 주효했다. GPU를 연산 처리에 활용하게 되면서 많은 산업 분야에 큰 변화가 일어나게 됐다. 기존에는 과학·의학 분야나 서버·미디어처럼 대규모 데이터 처리가 필요한 분야 등에서 데이터를 처리할 때 CPU를 활용했지만 이를 GPU가 대체하기 시작했다. 대규모 데이터 처리를 GPU가 대신하게 된 것이다. AI 개발을 위한 머신러닝·딥러닝에서도 GPU가 핵심 인프라로 활용되기 시작했다. GPU는 AI 학습 과정에서 단순 연산을 처리하는 데 최적의 반도체로 평가된다. AI 개발에는 기본적으로 많은 양의 단순 사칙 연산이 필요한데, GPU는 단순 연산을 다중으로 처리하는 데 적합한 병렬식 연산이 가능한 구조라서 AI 기술과 서비스 고도화에 유리한 인프라다. 연산 가능한 GPU 시장을 주도하고 있는 엔비디아에게 최상의 시장 환경이 조성된 것이다.

엔비디아가 선보이는 신제품은 계속 화제가 되고 있다. 현재의 GPU에 대한 관심은 유례가 없는 것이라는 평가가 나오는 상황이다. GPU 물량을 확보하는 게 세계적인 과제가 됐고 반도체를 둘러싼 미국과 중국 간 패권 다툼도 GPU가 원인이라는 시각도 있다. 러시아 판매 제한 조치 역시 이런 상황과 관련이 있다는 의견이 있다. 이렇듯 GPU가 인공지능 개발에 있어 중요하고 물량이 부족해 국가 간 견제와 경쟁까지 일어나고 있다는 취지다.

　엔비디아는 AI 전용 GPU는 '러브레이스' L, '암페어' A, '호퍼'의 H 등 아키텍처 각 앞 철자를 따와서 브랜드를 구성했다. 엔비디아 GPU 가격은 개당 적게는 2000만~2500만원 선에서 많게는 5000만원 이상으로 고객 입장에서는 비용이 가장 큰 허들(장애물)이다. H100은 5000만~5400만원, A100은 2700만~2900만원, L 40은 2000만~2200만원대 가격임에도 꾸준한 수요가 있는 것으로 알려졌다.

　실제 엔비디아의 GPU가 품귀 현상이 일어날 정도로 물량 확보가 어려운 상황에 처하자 구글, 마이크로소프트, 애플 등은 자체 GPU 개발을 추진한다고 공식화했다. 문제는 엔비디아의 GPU는 수십 년 간 축적해온 연구개발(R&D) 결과라는 점에서 아무리 빅테크 기업이라고 해도 이제 막 시작하는 상황을 고려하면 엔비디아 GPU보다 성능 측면에서 나을 것이라는 보장이 없다. 또 GPU가 모든 AI 개발에 적합한 것은 아니어서 최적화하는 과정이 필요하다. GPU는 병렬식 연산 처리로 AI 개발의 연산 과정을 최적화, 대용량 데이터 처리가 필요한 산업군에서 활용하기 좋다. 그러나 AI가 대량 학습으로 결과를 내거나 판별하는 기능만 있는 게 아니라는 점에서 엔비디아 GPU를 대신할 수 있는 반도체가 필요하다는 의견도 나오고 있다. 기업 선택권 확대 차원에서 다른 기업 GPU를 구매할 수도 있어야 한다는 의견이었다.

현재 엔비디아가 공급하고 있는, 최적화된 AI 전용 GPU는 'H100'이다. 동사는 데이터센터에 특화된 AI 전용 GPU H100과 A100, L40S 등 고성능 GPU를 용도에 맞게 맞춤형으로 개발·판매하기 시작하며 시장 내 입지를 강화했다. 엔비디아는 아키텍처, 그래픽카드 등을 고려해 차기 제품을 구상할 계획이다. 엔비디아는 H100 텐서 코어 GPU로 모든 워크로드에 대해 전례 없는 성능, 확장성, 보안 달성을 지원한다고 설명한다. 엔비디아 엔링크 스위치 시스템을 사용하면 최대 256개의 H100을 연결해 매개 변수가 조단위인 언어 모델도 처리할 수 있다.

H100에 여러 기술 혁신이 결합됐고 거내언어보델(LLM) 속도를 이전 세대 대비 30배 더 향상, 업계를 선도하는 생성형 AI를 제공할 수 있다는 게 엔비디아 설명이다. 최대 1750억개의 파라미터를 추론하는 LLM 역시 엔비디아 GPU와 4세대 고대역폭메모리(HBM3)를 활용, 모든 데이터센터에서 최적의 성능과 간편한 확장을 지원한다. 낮은 레이턴시를 유지하면서 성능도 최대 12배 향상할 수 있는 게 강점이다. 실시간 딥러닝 추론이 가능하고 매

개 변수가 조단위인 AI를 직장 내 모든 연구원이 이용하도록 지원한다. 엑사스케일 고성능컴퓨팅(HPC) 지원은 물론, 데이터 분석도 가속할 수 있다.

H100과 A100을 비교해보면 H100은 부스터 클럭 성능이 24% 증가하고 더 많은 VRAM, 더 큰 VRAM 대역폭, 7680개 추가 랜더링 코어를 지원한다. 데이터센터와 클라우드 컴퓨팅에서 AI 머신러닝 작업, 과학 시뮬레이션과 데이터 분석 등 광범위한 학습을 가속하기 위해 최적화된 반도체다. A100은 H100 대비 저렴한 가격, 낮은 TDP(열을 내리기 위해 사용하는 전력) 등 효율성이 강점인 성능이 한 단계 낮은 버전이다. L40S는 부스트 클럽 성능이 42% 증가하고 낮은 TDP, H100 대비 GPU 크기가 20% 감소하는 강점이 있다. 크기가 작아서 데이터센터 구성에 용이하며 H100 대비 상대적으로 저렴한 가격으로 머신러닝과 AI 추론 등 연구개발에 적합하다.

GPU 성능이 고도화되며 다양한 작업도 가능해졌다. 3D 랜더링, 그래픽, AI 산업 등의 발달과 소비 콘텐츠 다양화에 일조했다. 엔비디아는 이미 세계 GPU 시장을 선도하고 있지만 AI 반도체 시장 주도권을 견고히 하기 위해 '자기 진화'를 거듭하고 있다. H100은 물론, 이전 세대인 A100까지 여전히 시장에서 수요가 있지만 고도화된 제품 개발로 후발주자와 초격차를 유지하려는 전략으로 풀이된다. 엔비디아가 GPU 시장에서 쌓은 기술력을 토대로 AI 반도체 성능을 지속 개선하고, 관련 생태계를 만드는 데도 적극 나서서 시장 내 리더십을 강화한다는 계획이다. 생성형 AI 활용이 늘어날 수록 반도체 사용은 계속 늘어날 수밖에 없다는 것을 엔비디아는 이미 알고 있다.

엔비디아 GH200은 아마존웹서비스(AWS) 클라우드 서비스 인프라에 탑재됐다.
(출처: 엔비디아)

자기 진화의 대표적인 사례가 지난해 선보인 AI 반도체 칩 '그레이스 호퍼 슈퍼칩(GH200)'이다. 엔비디아 호퍼 GPU 아키텍처와 Arm 기반 그레이스 CPU, 차세대 메모리반도체인 고대역폭메모리(HBM) 등을 결합한 제품이다. 엔비디아의 차세대 기술 집합체라고 해도 과언이 아니다. 엔비디아는 GH200을 기반으로 한 고성능 AI 슈퍼컴퓨터인 'DGX GH200'도 선보였다. 여기에는 단일 GPU 역할을 하는 256개의 GH200 슈퍼칩이 장착된다. 최대 연산 능력은 1엑사플롭스다.

구글 클라우드, 메타, 마이크로소프트 애저 등 주요 기업들이 이를 활용해 서비스를 개발한다. 또 세계 100개 이상의 기업, 조직, 정부 기관에 의해 슈퍼컴퓨팅 프로젝트를 위해 GH200을 일찌감치 채택했다. 미국 항공연구를 위한 나사 에임스 연구센터(NASA Ames Research Center)와 글로벌 에너지 기업 토탈에너지스가 대표적이다.

하드웨어뿐만 아니라 AI 확산을 가속화할 생태계 조성에도 적극적이다. 거대언어모델(LLM)과 같은 AI 발전은 단순 반도체 칩 하나에만 좌우되는 게 아니다. 주요 기업과 협업하며 AI 솔루션을 제공, 보다 많은 개발자와 플레이어를 엔비디아 생태계에 합류시키는 것을 목표로 하고 있다. 예를 들어 실시간 개방형 3D 협업 솔루션 '엔비디아 옴니버스'에서는 다양한 산업 분야 기업들이 디지털 트윈 기반 현실 세계 장비를 가상 환경으로 연동, 각종 연구와 테스트를 진행하고 있다. 서로 호환이 되지 않는 기존 AI 애플리케이션 문제를 옴니버스를 활용해 해결, 각각의 애플리케이션에서 제공하는 고유 기능을 불러와 옴니버스 내에서 최종 결과물을 만들 수 있다. AI와 옴니버스를 상호 발전시키는 것이다.

건물 시공을 예로 들면 설계 데이터를 입력하면 건물이 디지털 트윈으로 구현, 광고를 만드는 등 다양하게 활용할 수 있다. 향후 건물 리모델링을 위한 시뮬레이션을 할 때에도 해당 데이터를 활용할 수도 있다. 엔비디아 옴니버스의 기반이 되는 '오픈USD'는 상호 운용성을 지원하는 3D 프레임워크다. 회사간 서로 다른 포맷을 사용하더라도 USD 통해 호환할 수 있다. 엔비디아는 픽사, 애플, 어도비, 오토데스크 등과 함께 오픈USD 사양을 표준화하기 위한 '오픈USD 얼라이언스(AOUSD)'를 설립하고 생태계를 확장시키고 있다. 사용자들이 USD를 쉽게 활용할 수 있도록 돕는 도구인 '챗USD'도 만들었다.

지난해 GH200을 공개한 데 이어 올해는 '블랙웰'을 선보였다. 블랙웰은 2024년 3월 18일(현지시간) 미국 새너제이에서 열린 엔비디아 연례 개발자 행사 'GTC(GPU Technology Conference)'에서 공개한 신형 인공지능(AI) 반도체 아키텍처다. 게임 이론과 통계

젠슨 황 엔비디아 CEO가 2024년 3월 18일 연례 개발자 행사 'GTC'에서 신형 인공지능(AI) 반도체 아키텍처 '블랙웰'을 소개하고 있다. (출처: 엔비디아)

학을 전공한 수학자이자 흑인으로는 최초로 미국국립과학원에 입회한 데이비드 헤롤드 블랙웰을 기리기 위해 이름을 붙였다.

　블랙웰은 2년 전 엔비디아가 선보인 호퍼 아키텍처 후속 기술로, 블랙웰 아키텍처가 적용된 AI 칩은 2080억개 트랜지스터가 집약됐다. 역대 GPU 가운데 최대 크기다. 800억개 트랜지스터로 이뤄진 기존 H100과 비교해 2.5배 빠른 연산 속도를 자랑한다. 블랙웰 플랫폼은 엔비디아가 새롭게 선보일 신형 GPU 'B100' 칩 두 개를 하나로 합친 B200 두 개를 연결해 단일 칩처럼 작동하도록 지원한다. GPU 간 원활한 고속 통신을 지원하는 최신 NV링크 기술이 적용됐다. 엔비디아는 블랙웰 슈퍼칩 36개를 하나의 랙 형태로 묶어 'GB200 NVL72' 컴퓨팅 유닛으로 시장에 공급할 계획이다. 고사양의 시스템을 구성했을 때 AI 추론 능력을 30배 향상할 수 있다는 게 엔비디아 설명이다.

젠슨 황 엔비디아 CEO는 블랙웰을 '새로운 산업혁명을 구동하는 엔진'이라고 소개했다. 블랙웰을 토대로 세계에서 가장 역동적인 기업과 협력해 모든 산업에서 AI 가능성을 실현한다는 게 목표다. 글로벌 빅테크 기업인 구글과 메타, 마이크로소프트(MS), 오라클 등이 엔비디아로부터 블랙웰 플랫폼을 공급받을 예정이다. 자율주행기술 개발에 막대한 투자를 쏟고 있는 테슬라와 생성형 AI 분야 대표 주자인 오픈AI도 블랙웰 플랫폼 활용을 예고했다.

앤시스, 케이던스, 시놉시스 등 글로벌 반도체 전자설계자동화(EDA) 툴 기업 기업도 블랙웰 기반 프로세서를 사용해 신제품 개발을 준비 중이다. 블랙웰은 엔비디아 신형 GPU를 기반으로 CPU, 메모리 반도체를 조합해 AI 추론 능력을 최대 30배 향상시켰다. 블랙웰에 탑재될 GPU B100은 기존 H100보다 연산 처리 속도가 2.5배 빠르다. 엔비디아는 CPU까지 탑재한 '블랙웰 플랫폼'으로 모듈화, 하나의 시스템처럼 판매할 예정이다.

엔비디아는 블랙웰을 2024년 4분기 양산할 것이라고 공식 발표했다. 일각에서는 설계 결함을 이유로 양산 시기가 늦춰질 가능성도 제기됐지만, 엔비디아는 2024년 2분기 실적 발표 현장에서 블랙웰을 예정대로 양산하겠다는 계획을 발표했다. 현재 엔비디아와 차세대 AI 반도체 시장에서 긴밀히 협력 중인 메타를 포함해 구글, 마이크로소프트 등이 B200을 수십조 원어치 주문한 것으로 알려졌다. 엔비디아는 반도체 위탁생산(파운드리) 업체인 TSMC와 새로운 테스트를 진행하고 있다. 엔비디아는 4분기에는 블랙웰 매출 규모가 수십억달러 이를 것이라고 전망했다. 또 젠슨 황 엔비디아 CEO는 "블랙웰에 대한 기대는 믿을 수 없을 정도로 크다"고 말했다.

AI 반도체 시장에서 엔비디아 독주는 당분간 지속될 것으로 전망된다. 엔비디아 기술력이 경쟁사보다 훨씬 앞서 있다고 평가되기 때문이다. 또 GH200이 충분한 퍼포먼스를 보이고 있어 혹시 블랙웰 양산이 지연되더라도 GH200이 확실한 대안으로 자리매김할 것이라는 게 전문가 시각이다. 엔비디아의 경쟁 우위가 확고한 만큼 일각의 전망대로 3개월 정도 지연이 발생하더라도 AI 반도체 시장점유율에 큰 변화를 초래하지 않을 것으로 보고 있다.

예상치 못한 미국 정부의 제재

　딥러닝·머신러닝 등 인공지능(AI) 학습에 최적화된 반도체로, 엔비디아 그래픽처리장치(GPU) 수요가 세계적으로 확산되는 가운데 악재가 터졌다. 기술 변화나 경쟁사가 아닌 자국 정부인 미국 정부의 대(對) 중국 첨단 반도체 규제 영향이었다. 끊임없는 GPU 수요로 초고속 성장이 전망되던 엔비디아에 악재였다.

　중국을 대상으로 AI 반도체 수출규제 방침을 수립했다. 2022년 8월 대만과 대립하고 있는 중국이 자국 기업의 첨단 반도체를 군사 목적으로 사용하는 것을 막기 위한 조치로 중국 대상 수출규제 소식이 알려졌다. 엔비디아는 같은해 8월 31일 미국 증권거래위원회에 제출한 공시에서 이 같은 미국 정부의 방침을 받았다고 공식적으로 밝혔다. 엔비디아가 보유한 첨단 반도체 일부를 중국과 러시아에 판매할 수 없다는 내용이 담겼다.

엔비디아는 '미국 정부가 중국군이 엔비디아 GPU를 사용하는 위험을 줄이기 위해 2022년 8월 26일 홍콩을 포함한 중국 수출에 대해 새로운 요구 사항을 제시했다'고 밝혔다. 엔비디아 A100와 H100, AI 기반 슈퍼컴퓨터 DGX 시스템 등이 수출제한 품목에 포함됐다. 중국이 엔비디아는 물론, AMD 등 미국 시스템 반도체 기업의 제품을 확보하지 못하면 AI 학습 과정에서 이미지·음성 인식에 필요한 첨단 컴퓨팅 기술을 효율적으로 구현할 수 없다는 점을 고려한 미국 정부 결정이다. 업계와 언론은 이 같은 움직임에 대해 중국과 대만 사이 긴장 고조로 중국을 견제하기 위한 미국의 결정이라고 진단했다. 첨단 반도체는 위성 이미지에서 무기·기지 수색 등 군사용으로 활용될 가능성이 있기 때문이다.

미국 정부의 제재로 중국 수출길이 막힐 위기에 처한 엔비디아는 이후 1개 분기당 4억달러(약 5500억원) 규모 손실을 입을 것이라는 전망이 나왔다. 엔비디아는 이러한 우려를 불식시키 위해 미국 정부가 규제한 첨단 반도체보다 저사양의 GPU를 개발하기로 결정했다. 미국 정부가 중국을 상대로 단행한 첨단 반도체 수출규제

엔비디아 GPU 이미지 (출처: 엔비디아)

지침은 준수하고 중국 시장은 지키기 위한 반도체 다운그레이드 전략이었다. 그 결과, 'A800' 'H800'과 같은 중국 시장용 GPU가 탄생했다.

엔비디아는 첨단 GPU 'A100'을 중국에 공급할 수 없게 되자 스펙을 조정해 A800 GPU를 개발했다. 중국 내 엔비디아 고객을 위한 A100의 대안을 마련한 것이다. 엔비디아가 2022년 말부터 생산에 돌입한 A800은 미국 정부 규제를 충족하는 것은 물론, 성능 개선을 위한 프로그래밍이 불가하다는 게 엔비디아 설명이었다.

엔비디아 A800은 초당 400기가바이트(GB/s) 데이터를 처리한다. 초당 600기가바이트(GB/s)를 구현하는 A100과 비교해 성능이 약 30% 내려간 것으로 알려졌다. 당시 미국 정부는 중국 수출용 프로세서 성능 기준을 초당 600기가바이트(GB/s) 미만으로 규정했다. 중국 시장으로 첨단 반도체 수출이 불가능한 상황에 성능 다운그레이드 전략으로 중국 반도체 시장을 지킬 수 있었다.

이렇게 문제가 해결되는 듯했지만 새로운 악재가 터졌다. 미국 정부의 대중국 규제 심화 가능성이 제기됐다. 2023년 중반 미국발 대중국 반도체 규제 1년을 맞이해 규제가 보다 강화될 것이라는 전망이 나왔다. 미국 정부가 자국 기업의 우회 전략 등을 고려해 중국 반도체 규제 실효성을 높이기 위해 규제 확대가 필요하다는 결론에 다다랐다는 것이었다.

엔비디아를 포함한 미국 반도체 업계는 즉각 반발했다. 세계 최대 반도체 시장 중 하나인 중국으로 반도체 수출이 막히면 당장 매출에 타격을 입을 수밖에 없는 상황을 우려한 것으로 풀이됐다. 미국 반도체산업협회(SIA)는 중국이 글로벌 반도체 수요의 주요 축인 만큼 과도한 제재는 미국 기업의 시장 접근을 가로막는다는 공식 입장을 냈다. 미국 정부의 대중국 반도체 추가 제재에 대해 분명한 반대를 표명했다.

　SIA는 엔비디아뿐만 아니라 인텔, IBM, 퀄컴 등 미국 기업과 삼성전자, SK하이닉스, TSMC 등 글로벌 반도체 기업이 회원사로 가입해 있는 미국 반도체 산업 대표 단체다. SIA는 잠재적인 대중국 수출 제한 조치가 좁고 명확하게 규정됐는지, 일관되게 적용되는지, 동맹국과 완전히 조정되는지 등에 대해 업계·전문가와 광범위하게 평가·협의할 때까지 미국 정부가 추가 제한 조치 실행할 자제할 것을 촉구했다.

　SIA는 미국 경제·안보를 위해 중국을 규제하려는 미국 정부 정책에는 공감하지만, 중국에 대한 지속적인 접근 허용도 중요하다고 강조했다. 특히 중국 반도체 시장 규모를 고려하면 기업 입장에서 완전한 배제는 어렵다고 지적했다. 중국의 한해 반도체 구매액은 세계 수요의 3분의 1 수준이다. 각사 전체 매출에서 중국 비중을 무시할 수 없는 미국 반도체 업계는 정부의 규제로 큰 시장을 잃게 될 것을 우려했다.

　미국 정부의 지나치게 광범위하고 모호한 대중국 규제 정책이 미국 반도체 산업 경쟁력을 떨어트릴 수 있다고 SIA는 지적했다. 인위적으로 중국 기업과 시장을 규제하면 글로벌 반도체 공급망

까지 교란할 수 있다고 부연했다. 이러한 입장 발표는 미국 반도체 업계가 중국과 미국 간 양국 갈등이 보다 심화될 것을 우려해 목소리를 낸 것이라는 분석이 지배적이었다.

실제 미국 정부는 대중국 반도체 수출 규제 품목을 점차 확대하는 모습을 보였다. 공식적으로는 대중국 규제를 반대했지만 엔비디아 등 미국 기업은 대중국 수출 규제에 동참, 중국 수출을 위한 우회 전략을 택했다. 앞서 언급한 A800, H800 사례와 같이 미국 정부가 규제하고 있는 첨단 반도체 기준에는 미달되나 AI 학습과 기술·서비스 개발 등에 어느 정도 퍼포먼스를 낼 수 있는 중국용 AI 반도체를 별도로 설계하며 중국 시장을 공략했다.

중국반도체산업협회(CSIA) 역시 미국 정부의 규제를 비판하며 엔비디아 등 미국 반도체 업계 목소리에 호응했다. CSIA는 미국 정부 규제가 반도체 산업의 글로벌화와 세계 공급망 안정을 파괴했다며 세계 소비자 이익을 해치고 미국 반도체 산업 경쟁력도 약하게 만드는 일이라고 비판했다. 미국의 계속되는 제재는 세계 반도체 시장에 악영향을 미치고 미국 산업을 포함한 세계 반도체 시장 우려를 증폭시키고 있다고 강조했다.

양국 반도체업계는 공통적으로 미·중 갈등 심화로 제재 확대

가능성 및 장기화와 글로벌 공급망 불확실성을 우려했다. 양국 정부가 반도체 산업을 둘러싸고 첨단 제품 수출·원료 수출 제한 등 여러 카드를 꺼내들며 '강 대 강'으로 맞서고 있는 상황 속에 기업은 교류의 필요성을 강조한 것이다.

그럼에도 2023년 10월을 전후해 미국 정부의 대중국 반도체 수출 규제 강화는 현실이 됐다. 규제 1년을 맞아 첨단 반도체 장비와 AI 반도체 공급 관련 허점을 점검한 뒤 보완 조치였다. 엔비디아와 인텔 등 미국 반도체 기업이 수출 규제를 우회하기 위해 성능을 낮춘 AI 반도체 역시 규제 대상이 될 것이라는 전망이 나왔다. 미국 정부 규제를 피하면서 중국 시장을 공략하기 위한 엔비디아의 해법이 위기에 직면했다. 미국의 대중국 규제는 자국 반도체와 장비가 중국의 군사력을 강화하는 데 활용되는 것을 막기 위한 억제 조치라는 정부의 강경 입장에 기업들은 효과적인 반론을 제기할 수 없었다.

2023년 10월 결국 미국발 대중국 규제는 강화됐다. 미국 상무부는 대중국 반도체 수출 통제 강화 조치를 발표했다. 미국 정부는 '중국 화웨이가 불법적인 반도체를 생산을 계속할 방법을 찾고, 이를 위해 중국 전역에서 일할 것'이라는 등 이번 제재 강화의

당위성을 설명했다. 지난해 발표한 제재 대비 사양이 낮은 인공지능 칩도 중국 수출이 금지되고, 제재를 우회하려는 시도 역시 차단됐다. 지난해 엔비디아의 첨단 AI 반도체 A100과 H100의 중국 판매를 금지한 데 이어 엔비디아 A800, H800 등과 같이 기존 첨단 반도체 성능을 낮춘 저사양 반도체 또한 수출 금지 품목에 추가됐다. 특히 엔비디아 H800은 중국 정부가 군사용 등으로 활용할 가능성을 우려, 이미 미국 정부 차원에서 계속 차단이 필요하다고 판단을 내린 것으로 알려졌다.

미국 정부는 중국뿐 아니라 마카오는 물론, 자국 무기 금수 대상 국가에 있는 기업의 반도체 수출도 통제하기로 결정했다. 미국의 국가안보와 이익에 반하는 활동에 관여하며 첨단 반도체를 개발하는 업체는 블랙리스트에 등록하며 규제를 강화했다. 엔비디아가 중국 매출을 잃을 수 있는 위기에 다시 직면한 것이다.

대중국 반도체 규제 이후 알리바바, 바이두, 텐센트와 같은 중국 빅테크 기업은 클라우드 컴퓨팅 서버에 AI 학습을 위한 반도체로 엔비디아 H800 칩을 사용해왔다. 그러나 추가 제재로 성능을 낮춘 반도체조차 미국 정부의 별도 허가를 받지 않으면 중국 기업에 판매하지 못하게 됐다. 또한 저사양 반도체 여러 개를 묶어 고성능 AI 반도체에 준하는 성능을 낼 수 없도록 전체 연산 성능을 다이 면적으로 나눈 값인 성능 밀도 기준까지 신설했다. 중국 정부가 자국 첨단 반도체를 악용할 가능성을 원천 차단하기 위한 노력이었다.

미국 정부는 기업들이 수출 제한 사양을 밑도는 반도체라도 중국으로 수출하기 전에 국가 안보에 위험을 초래하는지 확인하기 위한 통보 절차도 신설했다. 중국 기업이 해외 사업부를 통해 미국 AI 칩에 접근할 수 있는 허점을 막는 방안을 강구했다.

미국은 대중국 규제에 그치지 않고 중국 정부와 대내외적으로 가까운 중동 국가를 대상으로 한 AI 반도체 수출에도 제동을 걸었다. 강화된 제재에 중국으로 첨단 반도체가 우회 판매될 수 있다는 우려가 커지면서다.

2023년 8월부터 사우디아라비아, 아랍에미리트(UAE), 카타르 등 중동 국가에 대한 AI 반도체 선적 허가를 지연시킨 것으로 알려졌다. 미국 정부가 이들 국가에 대한 대규모 AI 반도체 제품 판매 허가 신청에 대해 답변하지 않거나 지연시키는 정황이 포착됐다. 엔비디아, AMD, 인텔, 세레브라스 시스템즈 등 AI 반도체 기업은 지난해 10월 미국 정부 조치에 따라 중국으로 이전될 위험이 있는 40개국 이상에 제품을 수출하려는 별도 허가를 받아야 한다.

미국 정부가 AI 특화 반도체 등 첨단 반도체가 해외 판매되는 것을 효과적으로 관리하고 관련 전략을 강화하기 위해 수출을 지연시킨다는 관측이 나왔다. 중동 국가는 데이터센터 가동을 위해 AI 반도체를 대량 구매하고 있는데 미국은 이 과정에서 중국 기업에 일부 물량이 흘러갈 수 있다고 보고 있다. 이번 조치 역시 미국 첨단 반도체와 제조 장비가 중국 군사력 증강에 이용되는 것을 원천 차단하기 위한 것이라는 설명이 덧붙여졌다. 첨단 반도체를 세계에 판매하려는 회사의 허가 신청에 철저한 검토를 진행하며 우회 전략을 펴는 기업을 지속 압박하는 상황이다.

규제 이후에도 미국 반도체 기업이 규제를 우회하는 저사양 반도체를 중국 시장에 계속 수출하며 규제 실효성에 대한 의문이 제기되는 것도 엔비디아에 부담이다. 엔비디아의 성능 쪼개기에 대한 지적이 계속되고 있기 때문이다. 엔비디아는 2023년 10월 강화된 규제 이후 미국의 대중 수출 규제 적용을 면제받고 중국에 판매할 수 있는 AI 반도체로 H20 제품을 활용하고 있다. H20은 주력 제품인 H100보다 연산능력을 5분의 1 수준으로 낮춘 저사양 버전으로, H800에 이은 대중국 수출용 제품이다.

엔비디아는 H20 제품을 앞세워 2024년 중국 시장에서 120억

달러(약 16조5000억원) 규모의 AI 반도체 매출 달성이 점쳐진다. 2024년 대중국 규제 만 2년을 맞아 미국 정부발보다 심화된 규제가 발표되고, 현재 엔비디아의 중국 수출용 AI 반도체 H20 제품까지 수출 금지 품목으로 설정되면 이 같은 실적 달성은 어려워질 가능성이 높다.

엔비디아가 자국 정부의 규제와 정책, 향후 미국 대선 결과에 따라 달라질 대중국 규제 등에 촉각을 세울 수밖에 없는 현실이다. 2022년 10월 대중국 규제 국면부터 강화되는 규제를 피하기 위한 방안을 지속 마련했지만 중국 정부가 엔비디아의 저사양 AI 반도체를 대체할 수 있는 자국 기업의 반도체를 활용할 가능성도 제기되고 있다. 실제 화웨이 등 주요 중국 빅테크 기업은 자국 기업을 중심으로 새로운 반도체 공급망 조성에 나섰다.

엔비디아가 계속 규제 우회 전략을 활용하고 있지만 수출 등 시장 상황이 악화될 가능성은 여전하다. 미국 정부가 대중국 반도체 규제 강화 카드를 지속 검토하고 있기 때문이다. 실제 2024년 6월 대중국 추가 규제를 검토하고 있다는 보도가 나왔다. 미국 정부는 게이트올어라운드(GAA·Gate All Around)와 고대역폭메모리(HBM) 등 최첨단 반도체를 제재하는 방안을 검토하는 것으로 알려졌다.

GAA는 기존 반도체 트랜지스터 구조인 핀펫(FinFET)에 이은 차세대 기술이다. 삼성전자는 3나노(㎚) 공정에 GAA 기술을 도입했고 TSMC와 인텔 등은 2㎚ 공정부터 해당 기술을 활용할 예정이다. 말 그대로 최신 기술이다. HBM은 D램을 수직으로 쌓아 성능을 끌어올린 고부가가치 제품이다. 엔비디아, AMD 등 시스템 반도체 기업이 AI 반도체를 만드는 데 사용하는 핵심 부품 중 하나다.

엔비디아는 미국 정부의 대중국 반도체 수출 규제를 의식, 차세대 AI 반도체 개발과 함께 중국 수출용 개발도 진행 중인 것으로 알려졌다. 중국 수출용 저사양 반도체 H20과 같이 2024년 개발 사실을 공개한 '블랙웰' 제품의 변형이다. 대중 규제에 저촉하지 않도록 성능을 떨어뜨리는 기존 우회 방식과 동일하다.

엔비디아 중국 시장 매출은 2024년 1월 말 기준 전체의 약 17% 수준이다. 미국 정부 차원 대중국 수출 규제 시행 이전인 2022년 전체의 26% 대비 감소했지만, 여전히 비중이 크다. 중국 시장 내 반도체 수요는 지속 성장할 가능성이 커 중국 수출을 포기할 수 없는 엔비디아가 앞으로도 지속 규제를 우회하는 방식을 택할 것으로 보인다.

　미국 정부의 규제가 효율적이지 못하다는 지적이 나오면서 향후 규제가 강화될지에 대한 관심도 높다. 2024년 9월 외신 보도에 따르면 중국의 중소 클라우드 서비스 업체가 엔비디아의 A100 프로세서 8개로 구성된 서버를 현지 고객사에 시간당 6달러가량에 임대한다. 미국의 중소업체의 경우 동일 구성에 대해 시간당 10달러 정도를 받는 만큼 미국 대비 40%가량 저렴하다고 지적됐다. 또 대중국 수출 규제 대상 품목인 엔비디아 A100, H100 칩 역시 중국 e커머스나 전자제품 시장에서 구입할 수 있는 것으로 알려졌다.

　이처럼 미국 정부의 대중국 반도체 규제 실효성에 대한 의문은 지속되고 있다. 또한 2024년 11월 5일 치러질 미국 대선 결과에 따라 대중국 반도체 규제 방향성이나 정도가 달라질 가능성도 있다. 여전히 규제에 따른 불확실성이 존재한다는 의미다.

세계 1등주 등극한 엔비디아

엔비디아가 2024년 세계 1등주로 등극했다. 6월 18일(미국시간) 엔비디아 주가는 나스닥 상장 역대 최고치를 경신했고 시가총액은 3조3350억달러를 기록, 3조3173억달러의 마이크로소프트(MS)와 3조2859억달러의 애플을 제치고 시총 1위에 올라섰다. 창사 이래 최초이자 미국 나스닥 상장 25년 만의 쾌거다. 엔비디아는 뉴욕 증시에서 진 거래일보다 3.51% 급등한 135.58달러를 기록했다. 시총이 3조3350억달러로 늘어났다.

기존 시총 1위였던 마이크로소프트(MS)는 0.45% 하락한 446.34달러로 장을 마감했다. 시총은 3조3170억달러로 집계되며 엔비디아가 선두로 올라섰다. 미국 기업 시총 순위 변동으로 엔비디아가 1위, 마이크로소프트가 2위, 애플이 3조2850억달러로 3위를 각각 기록했다. 엔비디아는 같은 달 시총 3조달러를 돌파하며 시총 1위에 대한 기대감을 높였다. 엔비디아는 같은 달 6일 애플을 제치고 시총 2위에 올랐지만, 주가가 소폭 하락했다. 그 사이 애플 주가가 급등하며 다시 3위로 내려앉았다.

엔비디아는 다음 날인 7일 종가 기준으로 10대 1의 주식 액면 분할을 단행했다. 실적 어닝서프라이즈와 앞으로도 지속 확대될 AI 반도체 수요, 액면 분할 등 호재로 급등을 거듭한 엔비디아 주가 상승세는 액면 분할 이후에도 지속됐다. 엔비디아 주가는 2024년 들어서만 174% 올랐다(6월 기준). 액면 분할 이후 주가는 지속 상승세를 보였고 시총 3조달러를 넘어선 지 13일 만에 시총 1위에 등극했다. 엔비디아 주가는 1999년 나스닥 시장에 상장한 이후 시총 1위를 찍은 당일까지 총 33만8850% 증가했다.

엔비디아 주가는 2023년 6월 처음으로 1조달러를 돌파했고, 2024년 2월 2조달러, 3개월여만인 같은 해 6월에 3조달러까지 성장했다. 이후 대내외 요인으로 시총이 3조달러 아래로 떨어졌다가 8월 중순 회복했다. 엔비디아 최근 5년간 주가 상승률은 3265%다. 애플(312.01%)과 마이크로소프트(222.69%)를 크게 웃도는 수치다. 2024년 2월 14일 아마존을 누르고 22년 만에 시총

4위 기업에 올랐던 엔비디아는 하루 만에 구글의 모회사 알파벳도 제치며 3위까지 올랐다. 이후 4개월여 만에 애플과 마이크로소프트까지 넘어섰다.

2024년 6월 19일 기준 세계 시가총액 10위 리스트

생성형 인공지능(AI)으로 대표되는 AI 시대 도래와 세계 그래

픽처리장치(GPU) 시장점유율 80% 이상에 힘입은 결과라는 평가가 나왔다. 수요 폭증으로 제때 AI 전용 반도체 수급이 어려워 마이크로소프트 등 다른 빅테크 기업도 자체 제작에 나서고 있지만, 엔비디아가 기술력에서 크게 앞서고 있어 엔비디아 GPU 수준으로 개발되는 데 상당한 시간이 필요할 것이라는 전망도 주가의 상승폭을 키웠다. 엔비디아는 실제 AI 전용 반도체 시장을 거의 독점하다시피 함에 따라 분기마다 매출이 세 자릿수로 급증, 지속적인 주가 우상향을 견인하고 있다.

1993년 설립된 엔비디아는 나스닥 시장에 상장할 때만 해도 별다른 주목을 받지 못했다. 당시 반도체 시장은 인텔이 지배하고 있었고 마이크로소프트, 애플 등 이미 시장에서 주목하고 있는 기업들이 있었다. 그럼에도 엔비디아는 2001년 11월 스탠더드앤드푸어스(S&P)500 지수에 편입됐고, 이 기간 엔비디아 주가는 1600% 이상 상승했다. 또 컴퓨터용 GPU '지포스(GeForce) 256'을 개발, 출시하고 후속 제품을 연이어 선보이며 게임업계에서 경쟁력을 인정받았다.

엔비디아 기술은 MS 엑스박스와 소니의 플레이스테이션 등 비디오 게임 콘솔에도 채택되기 시작하며 성장의 기틀을 마련했고, 엔비디아 주가는 세계 경제 위기가 오기 직전인 2007년까지 꾸준히 올랐다. 이 시기 주가는 첫 상장 대비 2000% 이상 증가라는 성과를 이뤄냈다. 그러나 2008년 어려운 시기에 직면했다. 모든 기업과 동일하게 글로벌 금융 위기 상황에 직면했고 경쟁사인 AMD가 출시한 라데온 GPU 시리즈와 경쟁이 치열해졌다. 또 결론적으로 엔비디아가 합의금을 받았지만, 인텔과 특허분쟁이 시작되며 2009년 두 회사가 맞고소하는 사건이 일어나는 등 어려운 대내외 상황을 겪었다.

그렇게 성장 정체가 지속되는 상황에서 신사업을 시도했다. 엔비디아는 2012년 데이터센터 서버용 그래픽 칩(chip)을 출시하며 데이터센터 특화 반도체 시장에 처음 진입했다. 해당 칩으로 당시 석유나 가스 탐사, 기상 예측 등 정교한 작업을 지원했지만 즉시 두각을 나타내지는 못했다. 그 결과, 엔비디아 주가는 세계금융위기 이후 2014년까지 횡보세였다. 그러다 2015년부터 다시 상승세를 맞았다. 엔비디아가 개발한 반도체가 첨단 그래픽 인터페이스, 자율주행차, AI 제품 등 4차 산업혁명 신기술 인프라로 주목받은 결과다.

2018년 비트코인 열풍도 도움이 됐다. 비트코인 채굴에 엔비디아 GPU가 효율적이라는 평가가 나오면서 암호화폐 기업 등을 대상으로 판매가 늘어났다. 엔비디아는 빠르게 늘어난 코인 채굴 업체들에게 채굴에 필요한 고성능 GPU를 공급하며 주가를 높였다. 당시 품절 사태까지 일어날 만큼 GPU 수요가 급증했고, 코인 채굴이 사회적 현상으로까지 번지면서 엔비디아에 대한 관심도 높아졌다. 엔비디아가 세계적으로 이름을 알린 계기였다.

이어 코로나19 팬데믹이 2차 도약기였다. 엔비디아는 2020년 세계적인 팬데믹 상황을 맞아 고속 성장하기 시작했다. PC 수요가 급증, 실적이 대폭 늘었다. 팬데믹 당시 늘어난 원격 근무도 도움이 됐다. 수많은 데이터의 전송과 처리, 저장이 필요한 상황 속에 데이터센터 사업도 급성장했다. 엔비디아의 데이터센터 사업 수익이 급증, 회계연도 2017년부터 회계연도 2021년까지 수익이 8배 증가하는 성과를 냈다. 2020년대 초반 유행이었던 메타버스 수혜주로도 꼽혔다. 이런 긍정적인 시그널로 엔비디아 주가는 2021년까지 지속 우상향했다.

기회가 있으면 위기도 있는 법, 수요와 매출이 주기적으로 들쑥날쑥한 '반도체 사이클'과 같이 엔비디아의 주가도 상승과 하락을 반복했다. 지속 상승곡선을 그리던 엔비디아 주가는 2021년 연말을 전후해 하락하기 시작됐다. 2021년 말 미국 연방준비제도(Fed)의 기준금리 인상 결정으로 다른 테크 기업과 마찬가지로

2022년 10월까지 주가는 하락을 거듭, 2021년 고점 대비 주가가 반토막이 났다. 하지만 위기의 엔비디아에는 또 다른 기회가 주어졌다. 바로 생성형 AI 서비스가 본격 상용화되며 AI 특화 반도체 수요가 급증했다. 오픈AI가 개발한 생성형 AI 챗GPT가 등장한 이후 엔비디아 GPU 공급 주문이 폭증했다. 챗GPT와 같은 생성형 AI 언어 모델이 훈련하고 학습하기 위해서는 수많은 데이터를 동시다발적으로 신속하게 처리할 수 있어야 해 엔비디아 GPU가 핵심 역할을 했기 때문이다.

또 폭증하는 데이터로 인해 큰 전산실 역할을 하는 데이터센터 수요가 늘어났고 데이터센터용 GPU 수요도 덩달아 상승했다. 그러면서 엔비디아 데이터센터 사업 역시 호황기를 맞았다. 엔비디아 데이터센터 매출은 회계연도 2023년 기준 게임 사업 매출을 처음으로 넘겼다. 2024년에는 데이터센터 매출이 1000억달러에 이를 것으로 예상됐다. 엔비디아는 현재 데이터센터에 들어가는 AI 반도체 시장의 약 80%를 점유한 것으로 추산된다.

엔비디아 주가 상승 및 시총 1위 등극 요인을 정리해보면 챗GPT를 시작으로 글로벌 빅테크 기업들이 출시한 생성형 AI를 중심으로 AI 산업에서 GPU 수요가 급증한 것이 첫 번째다. 폭증하는 데이터를 저장하는 데이터센터 수요 역시 증가, 데이터센터용

GPU 판매량도 늘었다. 이와 함께 대다수 전문가가 세계적인 AI 붐이 계속될 것이라고 전망하는 가운데 앞서 언급했듯 당분간 엔비디아 GPU의 독보적인 기술력을 따라잡을 기업이 아직 보이지 않는다는 측면에서 엔비디아 주가가 한동안 상승세를 유지할 것으로 내다봤다.

실제 엔비디아가 시총 1위로 등극하기 약 일주일 전인 2024년 6월 12일 미국 자산운용사 나벨리에 & 어소시에이츠의 설립자 루이스 나벨리에 회장 겸 최고투자책임자(CIO)는 마켓워치 기고를 통해 엔비디아의 시총이 몇 달 안에 4조달러를 넘어설 것이라고 내다봤다. 나아가 올해 개발 사실을 알린 차세대 반도체 '블랙웰' 후속 반도체 아키텍처가 2025년에 나오면 시총 규모가 5조달러를 넘어설 것이라고 전망했다.

애널리스트들이 같은 해 4~5월 엔비니아의 5~7월 분기 순이익 전망치를 17.2% 상향 조정했다며 일반적으로 애널리스트들의 긍정적인 실적 조정은 향후 시장 전망치를 뛰어넘는 어닝 서프라이즈로 이어지는 경향이 있다고 부연했다. 엔비디아는 앞선 4개 분기 동안 순이익이 시장 컨센서스를 모두 상회했다. 최소 9.5%에서 최대 29.2% 폭이었다.

나벨리에 회장은 엔비디아가 차세대 생성형 AI 반도체를 개발하는데 수십억 달러를 투자하고 있어서 다른 반도체 기업과의 경쟁이 무의미하다며 흔들리지 않을 정도로 기술 격차가 벌어지고 있다는 점을 평가했다. 또 엔비디아 이외 기업들이 개발하는 다른 AI 반도체는 점점 더 저기술 솔루션이 되고 있다고 진단했다. 엔비디아가 AI 칩 시장에 대한 지배력을 바탕으로 실적 성장세가 계속되면서 시총이 미국 기업 최초로 4조달러, 5조달러가 넘어설 것으로 낙관했다.

나벨리에 & 어소시에이츠는 계속 인공지능(AI)이 미국 나스닥 시총 1위를 가를 것이라는 전망을 내놓은 바 있다. 또 미국 유명 증권사 웨드부시 역시 엔비디아가 시총 1위를 달성하기 전날 보고서를 내고 엔비디아가 결국 시총 4조달러를 돌파할 것이라고 내다봤다. 모든 기술 기업이 서둘러 AI를 도입하고 있어 AI발 산업혁명을 더욱 촉진하고 2025년에는 더욱 광범위한 AI 랠리가 펼쳐질 것이라는 게 이유였다. 이 같은 전망을 증명이라도 하듯 미국 월가에서는 엔비디아 주가 목표가를 200달러로 제시했다. 시총 약 5조달러에 달하는 규모다.

반면 여러 가지 평가가 상존하는 주식 시장에서 엔비디아의 시총 1위 등극이 일종의 닷컴 버블과 유사하다는 의견도 제기됐다. 1990년대 후반 '닷컴 버블' 당시 시스코시스템즈의 상황과 비슷하다는 지적이었다. 월스트리트저널(WSJ)은 6월 19일 엔비디아가 마이크로소프트를 제치고 시총 1위에 오른 것에 대해 20여 년 전 시스코시스템즈가 마이크로소프트를 앞서 시총 1위에 올랐던 전례가 떠오른다고 지적했다. 엔비디아가 AI 붐과 AI 반도체 수요 확대 등에 힘입어 시총 1위에 등극한 것인데, 엔비디아가 AI 성장을 주도하는 한 축이나 컴퓨팅 인프라 기업이 시총 1위를 차지한 경우가 거의 없었다는 게 닷컴 버블을 언급한 WSJ의 근거였다.

엔비디아 이전에 컴퓨팅 인프라 업체로 시총 1위에 오른 기업은 2000년 3월 네트워킹 장비업체인 시스코가 마지막이었다. 시스코는 인터넷 이용에 필수인 네트워크 장비 제조사로 1990년대 후반에 인터넷 혁명을 타고 급성장, 2000년 3월 마이크로소프트를 제치고 시총 1위에 올랐다. 네트워크 장비 시장에서 압도적인 점유율이 밑바탕이 됐다. 나스닥 시총 1위는 줄곧 마이크로소프트나 애플의 차지였다. 실제 시스코 이후 엔비디아가 시총 1위에 오르기 전에는 2019년 2월 잠시 1위를 차지한 아마존이 유일했다.

엔비디아와 시스코가 AI 반도체와 네트워크 장비에서 수익이 나기 전부터 미리 투자해 수혜를 입은 게 유사하고, 양사 모두 압도적인 시장점유율을 바탕으로 시장을 선도했다는 점에서 시총 1위 달성 과정이 유사하다고 평가한 것이다. 시스코 주가 폭락 원인으로 닷컴 버블이 끝날 즈음 인터넷 기업들이 줄줄이 도산하면서 네트워킹 장비 수요 급감이 지목된다. 시스코 주가는 2024년 중반까지도 2000년 3월에 기록한 사상 최고치를 회복하지 못하고 있다. 결국 닷컴 버블이 연상되는 이유는 양사의 유사성, AI 반도체 수요가 급감하면 엔비디아 역시 시스코와 같은 위기에 직면할 수 있다는 취지로 해석된다.

현재 세계적으로 AI 관련 산업에 지속적인 투자로 끊임없는 자금이 유입되고 있지만, AI 붐이 중단 없이 지속될지에 대한 의문 제기다. 벤처캐피털(VC) 세쿼이아 캐피털은 2024년 3월 AI 붐이 시작된 이후 엔비디아 반도체에 약 500억달러의 자금이 투자됐지만, AI 관련 스타트업이 엔비디아 반도체를 활용해 거둔 매출액은 30억달러 수준으로 추산된다고 발표했다. 막대한 투자를 하고도 의미 있는 매출과 성공을 기록하지 못하는 AI 기업은 향후 줄도산할 가능성이 있다는 의미다. 실제 2024년 7월 구글 2분기 실적 컨퍼런스콜에서 투자자와 증권 애널리스트들은 순다르 피차이 구글 최고경영자(CEO)에게 '분기당 120억달러에 달하는 AI 투자가 언제부터 성과를 낼 수 있냐'며 AI 투자 회수 가능성에 대해 회의적인 시각을 시사하기도 했다.

이렇듯 엔비디아 주가 향방을 놓고 여러 의견이 제시되는 가운데 엔비디아는 시총 1위를 이틀밖에 유지하지 못했다. 미국 나스닥 시총 1위는 2024년 1월 애플에서 마이크로소프트로 바뀐 뒤 잠시 엔비디아가 올라섰다가 다시 마이크로소프트에 자리를 넘겨줬다. 2024년 8월 5일 '블랙 먼데이(검은 월요일)' 등 시장 상황 악화로 엔비디아는 주가가 최고점 대비 35% 이상 급락했다. 이후 글로벌 금융시장이 빠른 안정세를 되찾고 있는 가운데 엔비디아 주가도 급등하고 있다. 최고점 대비 35% 넘게 급락한 주가를 빠르게 되돌렸다.

특히 2024년 8월 중순 상승세를 지속했다. 12일 전일 대비 4.27% 오른 뒤 13일 7.12%, 14일 1.94%, 15일 4.09% 각각 상승하며 4거래일에 걸쳐 17.42% 급등했다. 엔비디아는 8월 15일 다시 3조달러를 회복하고 시총 1위 애플과 격차를 11.5%로 좁혔다. 애플은 자체 AI 기능 애플 인텔리전스 등 발표에 힘입어 7월 8일 약 6개월 만에 마이크로소프트를 누르고 시총 1위를 탈환한 바 있다.

8월 중순 엔비디아의 가파른 반등세를 놓고 다양한 분석이 나왔다. 미국의 경기 침체 우려가 진정세에 접어들면서 향후 높은 성장성이 기대되는 엔비디아에 저가 매수세가 몰렸다는 분석이 제기됐다. 물가도 안정세를 보이며 금리 인하 기대감을 이어갔다. 8월 14일 발표된 미국 소비자물가지수(CPI)가 예상치에 부합한 데다 이튿날 나온 생산자물가지수(PPI) 역시 예상치를 밑돌았다. 반도체 산업에 대한 긍정적인 평가도 엔비디아 주가에 호재였다. 뱅크오브아메리카는 8월 13일 발표한 보고서를 통해 '계절적 비수기가 지나면 반도체 업종은 4분기에 반등할 것'이라면서 최선호주로 엔비디아를 꼽은 바 있다.

또 IM증권은 최근 보고서에서 엔비디아의 내년 매출과 주당순이익(EPS)이 각각 302억달러와 0.68달러를 크게 상회한다면, 최근까지 서프라이즈 비율 하락 주세에서 벗어나게 된다며 이 경우 엔비디아 실적은 다시 놀라운 성장세로 복귀할 것이라고 분석했다. 주가도 놀라운 상승세를 보일 것이라는 전망도 함께 내놨다.

실제 엔비디아 2024년 2분기 역대 최대 분기 매출을 경신했다. 매출은 300억4000만달러, 주당 순이익은 0.68달러를 각각 기록했다. 분기 매출이 300억달러를 넘어선 것은 처음으로, 1년 전과 비교해 122% 급증했다. 2분기 매출 총이익율은 75.7%로 시장 예상치 75.5%보다 약간 높았다. 엔비디아 역대 최대 분기 매출은 AI 반도체가 포함된 데이터센터 사업이 견인했다. 2024년 2분기 매출은 2023년 같은 기간보다 154% 증가한 263억달러로 집계됐다. 시장 예상치 252억4000만달러를 상회한 수치로 전체 매출의 88%를 차지했다. 엔비디아는 2024년 3분기 매출이 월가 전망치 317억달러를 상회하는 325억달러에 이를 것이라고 전망하며 자신감을 나타냈다.

하지만 2024년 9월 미국 정부의 반독점 조사 가능성이 제기되며 새로운 악재를 맞이했다. 미국 법무부가 엔비디아와 일부 다른 기업에 자국 반독점법 위반 혐의 조사에 대한 소환장을 보냈다는 외신 보도가 나왔다. 소환장은 특정인에게 증거 제출이나 출석을 명령하는 공식적인 문서로, 미국 법무부는 엔비디아가 고객사 등 기업들이 엔비디아가 아닌 다른 AI 반도체로 전환을 어렵게 하고 자사의 AI 칩을 독점적으로 사용하지 않는 기업에는 불이익을 준다는 취지로 반독점법 위반 가능성이 있다고 보는 것으로 알려졌다. 미국 정부의 반독점 조사 가능성이 보도되자 엔비디아 주가는 호실적에도 10% 전후 하락을 면치 못했다.

2024년 9월 27일(현지시간) 엔비디아 시가총액은 2조9760억달러로 다시 시총 3조달러 선이 붕괴됐다. 이후 주가는 등락을 반복, 10월 3일 시가총액 3조140억달러를 기록했다. 이후 상승세를 타며 같은 달 7일 시가총액 3조1320억달러로 엔비디아는 약 40일 만에 시총 2위로 올라섰다. 이후에도 등락을 거듭하던 엔비디아 주가는 2024년 미국 대선 당일인 11월 5일(현지시간) 전 거래일 대비 2.84% 오른 주당 139.91달러에 거래를 마감했다. 종가 기준 시가총액은 3조4000억달러로 애플을 제치고 시총 1위를 탈환했다. 엔비디아가 같은 달 8일 다우 평균 지수에 편입된다는 소식과 최신 인공지능 반도체에 대한 폭발적인 수요 전망이 주가를 끌어올린 요인으로 평가됐다. 엔비디아는 2024년 6월 시총 1위 자리를 이틀밖에 지키지 못했지만, 같은 해 11월에는 3거래일 연속 시총 1위를 유지했다. 특히 11월 7일 주가는 전날보다 2.25% 상승한 148.88달러에 거래를 마쳤다. 시가총액은 처음으로 3조6000억달러를 돌파한 3조6520억달러로 확대됐다.

엔비디아가 미국의 경기 둔화 우려, 'AI 거품론', 미국 정부의 반독점 조사 등 악재 속에 되찾은 시가총액 1위 타이틀을 계속 지켜낼 수 있을지 관심이 쏠린다. 또 도널드 트럼프의 미국 대통령 당선에 따른 정책이나 시장 상황, 국제 정세 변화가 주가 향방의 변곡점이 될지도 지켜봐야 한다. 엔비디아 주가가 ASML, 삼성전자, SK하이닉스, TSMC 등 글로벌 반도체 관련 기업 주가와 직간접적 영향을 주고받는 상황도 흥미로운 대목이다.

엔비디아의 영향을 받는 기업들

엔비디아가 AI 반도체 시장에서 독주하는 가운데 메모리 반도체, 반도체 위탁생산(파운드리), 신경망처리장치(NPU) 등 다양한 기업에도 직간접적인 영향을 미치고 있다. AI 반도체가 최적의 성능을 실현하기 위해 필요한 고대역폭메모리(HBM)를 양산하고 있는 삼성전자·SK하이닉스 등 메모리 반도체 기업은 AI 반도체 산업 발전에 따라 보다 밀접한 관계가 됐다. AI 반도체 분야가 미래 핵심 산업으로 기대되며 엔비디아의 메모리 반도체 퀄리티 테스트 결과나 신제품 출시, 미국 증시 주가 향방에 삼성전자와 SK하이닉스 주가가 즉각 연동되는 양상까지 보인다.

삼성전자 HBM3E (출처: 삼성전자)

삼성전자와 SK하이닉스는 차세대 메모리 반도체로 평가되는 HBM 시장에서 엔비디아와 밀접한 관계를 형성했다. 엔비디아가 요구하는 사양에 맞춰 차세대 HBM 개발 속도를 올리며 퀄리티 테스트 등에도 즉각적으로 협조하고 있다. HBM 제조를 위한 생산 설비와 시설을 늘리고 인공지능(AI) 기술 등을 활용해 양산 과정을 최적화하는 등 AI 반도체 수요 폭증 등에 힘입어 반도체 D램 시장에서 HBM이 차지하는 비중이 날이 갈수록 늘어날 것을 고려한 결정이다.

1) 삼성전자

삼성전자는 엔비디아에 최신 HBM 공급을 위해 품질 인증 획득 노력을 기울이고 있다. 2024년 9월 대만 시장조사기관 트렌드포스는 삼성전자는 5세대 HBM(HBM3E) 8단 제품 품질 테스트를 마치고 공급을 시작했다고 밝혔다. 삼성전자가 SK하이닉스나 미국 마이크론 대비 늦게 HBM3E 품질 테스트에 뛰어들었지만 최근 인증을 완료하고 H200용 HBM3E 8단 제품 출하를 시작했다는 소식이다. 삼성전자의 공식 입장은 나오지 않았지만, 엔비디아가 HBM 최대 수요처 중 한 곳인 만큼 HBM 공급을 위해 삼성전자가 엔비디아 품질 테스트에 공을 들이는 것은 공공연한 사실이다. 삼성전자는 2024년 7월 2분기 실적 발표 컨퍼런스콜에서 HBM3E 8단 제품을 3분기 내 양산해 공급을 본격화하고, 12단 제품도 하반기에 공급할 예정이라고 밝힌 바 있다. 12단 제품의 경우, 기존 HBM3 제품 대비 성능과 용량이 50% 이상 개선됐다는 게 삼성 측 설명이다. 또 초거대 AI 모델이 요구하는 메모리 성능과 용량을 만족시킬 것이라고 부연했다.

삼성전자는 6세대 HBM(HBM4)부터 범용 제품이 아닌 고객 맞춤형 제품으로 전환할 것을 공식화했다. 고객이 원하는 형태로 제조해 납품하는 '커스텀 메모리' 시장을 겨냥한 행보다. AI 플랫폼 성장으로 용량·성능·특화 기능 등 고객 맞춤형 HBM에 대한 요구가 증가하는 상황을 고려한 결정이다. 삼성전자는 주요 데이터 센터, 중앙처리장치(CPU), 그래픽처리장치(GPU) 선두 업체들과 긴밀한 협업을 진행 중이라고 밝혔다. 특히 맞춤형 HBM D램은 향후 메모리 반도체 기술 한계 극복을 위한 돌파구 역할을 할 것이라고 내다봤다. 삼성전자는 고객들의 개별화된 요구에 대응하기 위해 HBM4부터 버퍼 다이에 선단 로직 공정을 활용할 예정이다. HBM4는 2025년 하반기 출하를 목표로 하고 있다.

삼성은 고객 맞춤형 HBM에 대한 수요 대응을 위해 성능을 고객별로 최적화한 맞춤형 HBM을 개발하고 있다. 복수의 고객사와 세부 스펙에 대해 협의를 하고 있다. 삼성전자는 반도체 위탁생산(파운드리)과 메모리 반도체, 패키지 역량을 모두 보유한 세계 유일한 종합 반도체 기업이라는 장점을 살려 고객사에 HBM D램과 파운드리, 첨단 패키징 등을 일괄 제공하는 'AI 솔루션' 전략도 추진하고 있다. AI 기술 진보에 정해진 한계와 영역은 없다는 점을 고려해 클라우드, 온디바이스 AI, 오토모티브(차량) 등 분야별로 특화된 반도체와 기술 지원으로 삶의 모든 영역에서 근본적인 변화를 만들어내는 AI 산업과 기술 영역에 이바지한다는 방침이다.

예를 들어 삼성전자는 데이터센터 특화 AI 솔루션을 제공한다. 데이터센터는 AI 관련 연산 처리와 원활한 서비스를 위한 핵심 인프라로 꼽힌다. 오픈 AI '챗GPT', 구글 '바드(Bard)', 마이크로소프트 '빙 챗(Bing Chat)' 등이 데이터센터를 통해 제공되는 대표적인 AI 서비스다. 이들 서비스를 원활하게 제공하기 위해서는 단시간에 수십억 개의 파라미터와 수많은 데이터가 오고 가야 한다. 하지만 메모리 대역폭과 용량이 충분하지 않으면 전체 시스템에서 병목 현상이 일어날 수 있고 GPU를 충분히 활용할 수 없는 상황도 발생할 수 있다. 원활한 서비스 제공을 위한 인프라를 확보함과 동시에 총 소유 비용(TCO · Total Cost of Ownership)을 줄이기 위한 업계 노력은 지속되고 있는 게 현실이다. 특히 메모리 성능, 용량 요구도 다양해지는 상황에서 삼성전자는 모든 업체가 선택할 수 있는 클라우드용 최적 솔루션을 제시하고 있다. HBM을 공급하는 것은 물론, AI 솔루션으로 메모리 반도체 시장에서 경쟁력을 강화하고 있는 셈이다.

SK하이닉스 HBM3 (출처: SK하이닉스)

2) SK하이닉스

SK하이닉스 역시 엔비디아에 HBM을 공급하고 있다. 2024년 3월부터 최신 제품인 5세대 HBM(HBM 3E)을 엔비디아에 공급하기 시작한 만큼 SK하이닉스 HBM이 성능이나 기술, 품질 등이 다른 메모리 반도체 기업보다 객관적으로 앞서 있다는 평가도 나온다. 먼저 품질 인증을 획득했기 때문이다. SK하이닉스는 HBM 경쟁력을 바탕으로 2024년 2분기 D램 시장에서 점유율을 상위 3개사 '톱 3' 중 유일하게 끌어올렸다. 세계 D램 시장 1~3위는 삼성전자, SK하이닉스, 미국 마이크론이다. SK하이닉스 공정 기술과 생산성, 제품 품질 등이 어우러지며 SK하이닉스의 D램 경쟁력이 강화된 것으로 평가된다.

SK하이닉스는 '세계 HBM 시장 1위는 SK하이닉스'라고 공식 발표했다. HBM에 국한된 평가이긴 하지만, 그동안 삼성전자가 선도해온 메모리 반도체 시장에서 SK하이닉스가 '세계 1위'라고 자부하는 표현은 이례적이다. 그만큼 HBM 사업에 자신이 있다는 의미로 풀이된다. SK하이닉스는 특히 HBM 3E의 경우 고객 테스트를 단 한 번의 문제도 없이 통과했다며 품질에서도 강한 자신감을 나타냈다. 제품의 개선점을 빠르게 찾아 양산 역량까지 확보할 수 있는 기술 노하우를 보유한 HBM 프로덕트 엔지니어링(PE) 조직에서 내부 검증 절차를 통해 HBM3E의 완성도를 높인 결과다.

SK하이닉스는 HBM 1등 리더십 수성의 핵심 요소로 '적기'를 꼽았다. 적기에 고객사가 희망하는 사양을 탑재한 차세대 제품을 제공한다는 취지다. HBM은 적층 수가 많아 다양한 조건에서 성능을 종합적으로 확인해야 해 테스트 과정이 오래 걸릴 수밖에 없다. 빠르게 검증하고 고품질을 확보할 수 있도록 테스트가 가능한 환경을 만드는 것 또한 경쟁력으로 평가된다. SK하이닉스는 이를 위한 테스트 베이스라인을 갖췄다고 발표했다. 또 엔비디아와 같이 HBM 주요 고객사를 위한 소통 창구 '오픈랩(Open Lab)'을 운영하며 고객사가 요구하는 과제에 기민하게 대응하고 있다. 고객별 전담 엔지니어를 배정해 고객사와 밀집하게 소통하고 사내 유관부서와 긴밀한 협업으로 문제를 해결하고 있다는 것이다. SK하이닉스는 현재 HBM3E 8단 제품보다 업그레이드된 12단 제품 양산과 6세대 HBM(HBM4)의 성공적인 사업화를 목표로 하고 있다.

HBM3E 8단의 후속 제품인 HBM3E 12단 샘플을 주요 고객사에 이미 공급했으며 2024년 3분기 양산을 시작해 4분기부터 고객에 공급을 시작할 예정이다. 고객사 수요 맞춤형이 될 HBM4

도 준비하고 있다. SK하이닉스는 HBM4 12단 제품을 내년에 출하하고 2026년 수요 발생 시점에 맞춰 HBM4 16단 제품 출시를 준비한다는 목표를 발표했다. SK하이닉스는 엔비디아를 비롯해 애플, 마이크로소프트, 구글, 아마존, 메타, 테슬라 등 글로벌 빅테크 기업과 협력도 지속하고 있다. SK하이닉스는 자사 제품의 압도적인 성능과 경쟁력을 고객이 이해할 수 있게 기술 협업과 신뢰 관계를 바탕으로 사업을 지속 확대할 방침이다.

3) 한국 팹리스 스타트업

엔비디아의 AI 반도체 시장 독주에 제동을 걸어보겠다는 야심찬 목표로 NPU를 설계하는 리벨리온, 퓨리오사AI 등 국내 팹리스 스타트업이 등장했다. 엔비디아라는 존재가 어떤 기업에는 넘어서야 할 사업 목표가 되고 있는 것이다. 팹리스는 영어 제조·조립을 뜻하는 fabrication과 less의 합성어로, 팹리스 기업은 말 그대로 제조 시설이 없는 반도체 기업이란 의미다. 반도체 제품을 직접 생산하지 않고 반도체 설계를 전문적으로 하는 반도체 회사로, 반도체 프론트엔드 분야에서도 설계만을 진행하는 기업이다. 엔비디아의 AI 반도체가 학습에 조금 더 특화된 것을 고려, 추론에 강점이 있는 NPU로 경쟁력을 강화하겠다는 게 국내 팹리스 스타트업 복안이다.

NPU는 인간의 두뇌를 모방한 반도체다. 뇌에서 수많은 신경 세포가 서로 연결돼 신호를 주고받는 것과 같은 원리로 작동한다. 통신망 없이 실시간으로 빠르게 데이터를 처리할 수 있어 딥러닝에 최적화된 기술이다. 엔비디아 GPU는 고용량 데이터 병렬 연산에 강점을 보여 챗GPT 등 초거대 AI를 구동할 때 필수 인프라다. 다만 GPU 기반 AI 칩은 가격이 비싸고 구동 시 소음과 전력 소모가 심하다는 단점이 있다. NPU는 범용성은 다소 부족하지만 딥러닝 연산에 특화된 기술이다. GPU보다 빠른 연산이 가능하고 전력 효율도 높다. 이러한 강점을 바탕으로 국내 팹리스 스타트업들이 엔비디아에 도전장을 낸 것이다. 국내 팹리스 스타트업들은 자사 제품 경쟁력을 입증하는 데 있어 엔비디아 제품과 벤치마크 테스트 결과를 적극 활용하고 있다. 벤치마크 테스트는 실존하는 비교 대상을 두고 하드웨어나 소프트웨어 성능을 비교하여 시험하고 평가하는 것을 의미한다.

리벨리온은 2023년 4월 AI 추론 성능을 측정하는 'MLPerf 인퍼런스' 벤치마크 테스트에서 자사 제품 '아톰(ATOM)'이 4.297㎳ 처리 속도를 기록, 유사한 사양을 갖춘 퀄컴 AI 반도체(클라우드 AI

100)와 엔비디아 그래픽처리장치(A2·T4) 대비 처리 속도가 1.5배에서 2배 빨랐다고 밝혔다. 오픈AI에서 사용하는 언어와 동일한 계열인 'BERT-라지'로 수행한 테스트였다. 비전 평가(ResNet50)에서도 한 번에 하나의 명령을 받아서 처리하고 레이턴시를 비교하는 싱글스트림 테스트 결과 0.239㎳를 기록하며 퀄컴 AI 반도체 대비 1.4배, 엔비디아 GPU 대비 3배 이상 속도가 빨랐다. 아톰은 2022년 6월 설계를 완료하고 삼성전자 파운드리 5나노 극자외선(EUV) 공정으로 만든 AI 반도체다. 리벨리온은 국산 AI 반도체 기술력이 비전에 머물러 있다는 편견을 깬 것이 성과라고 평가했다.

리벨리온은 기업 고객이 기존 GPU를 사용할 때와 유사한 환경에서 AI 서비스를 할 수 있도록 컴파일러, 펌웨어, 드라이버 등을 모두 자체 개발하고 있으며 아톰을 2024년 1분기부터 양산하고 있다. 리벨리온은 SK그룹 반도체 팹리스 기업 사피온코리아와 합병을 결정하며 경쟁력을 강화할 밑바탕을 마련했다. 리벨리온과 사피온은 퓨리오사AI와 함께 국내 3대 팹리스 스타트업으로 꼽혀왔다. 양사 합병으로 경쟁력 있는 NPU 제품이 탄생할 가능성이 높을 것으로 기대되는 이유다. 리벨리온은 8월 18일 사피온코리아 최대주주인 SK텔레콤과 '리벨리온-사피온코리아 합병'을 위한 본계약을 체결했다. 합병 후 존속법인은 사피온코리아로 하되 리벨리온 경영진이 합병법인을 이끌기로 했다. 사명 역시 리벨리온으로 변경하기로 했으며 합병법인 최고경영자(CEO)는 박성현 리벨리온 대표가 맡는다.

리벨리온 AI 반도체 '아톰' (출처: 리벨리온)

사피온코리아는 2023년 11월 거대언어모델(LLM) 지원 기능을 탑재한 인공지능(AI) 반도체 신제품 'X330'을 공개한 데다 이전 세대 X220 양산 경험이 있는 팹리스 기업이다. 국내뿐만 아니라 미국에도 연구개발(R&D) 조직이 있다. 리벨리온은 이번 합병을 통해 세계적인 AI 반도체 기업으로 도약한다는 방침이다. 세계 AI 반도체 시장 진출은 물론이고 AI 반도체 '아톰' 양산에 이어 2024년 말 거대언어모델(LLM)을 지원하는 차세대 AI 반도체 '리벨'을 선보일 예정이다. 또 다음 세대 칩 '리벨-쿼드' 공개도 내년 초로 앞당길 계획이다. 반도체 개발·양산 효율화를 위해 합병 이후 양사가 각각 AI 반도체 개발을 따로 하기보다 '선택과 집중' 전략으로 리벨리온의 개발 타임라인대로 반도체 개발에 주력할 것이라는 게 업계 중론이다. 엔비디아 최신 GPU 성능을 뛰어넘는 NPU 개발이 이뤄질지 주목되고 있다.

퓨리오사AI는 2024년 8월 AI 추론 반도체 레니게이드(RNGD)를 공개하고 엔비디아의 경쟁 추론 반도체 대비 전성비(전자기기에서 소비전력 대비 성능)가 60%가 뛰어나다고 밝혔다. 벤치마크 테스트 결과, RNGD가 초당 11.5의 쿼리를 처리하는 동안 185와트의 전력을 사용했는데 엔비디아 L40S는 초당 12.3의 쿼리를 처리하는 동안 320와트의 전력을 사용했다는 것이다. 이 회사는 파운드리 파트너사 TSMC로부터 첫 번째 실리콘 샘플을 받은 뒤 RNGD의 전체 가동을 성공적으로 완료했다. 퓨리오사AI는 RNGD 출시는 수년 간 혁신의 결과라며 원샷 실리콘 성공과 매우 빠른 도입 프로세스로 이어졌다고 설명했다.

또 RNGD는 추론에 대한 업계의 실제 요구사항을 충족하는 지속 가능하고 접근 가능한 AI 컴퓨팅 솔루션이라고 부연했다. 엔비디아 대비 전력 효율이 높은 강점을 바탕으로 '그린 컴퓨팅'이 가능하다는 것도 부각했다. 퓨리오사AI는 2024년 8월 27일 미국 실리콘 밸리에서 열린 반도체 컨퍼런스 '핫칩스 2024'에서 차세대 제품 RNGD를 공개했다. 방대한 데이터 사이에서 사용자가 원하는 답을 빠르게 찾는 추론에 특화돼 있다고 강조했다. 퓨리오사AI는 최근 AI 모델에서는 학습보다 추론이 더 중요해지는 추세라고 덧붙였다. RNGD가 엔비디아 경쟁 제품 대비 전력 대비 성능까지 뛰어나 2025년 1분기부터 본격 양산되기 시작하면 시장의 선택지가 넓어질 것으로 예상된다.

주론용 AI 반도체가 수복받는 가장 큰 이유는 우선 엔비디아의 AI 반도체 가격과 공급 상황 때문이다. AI 반도체는 성능과 용도에 따라 학습용과 추론용으로 나뉜다. 학습용 반도체는 GPT나 제미나이 같은 거대언어모델(LLM)을 학습시키고 개발할 때 주로 사용된다. GPU가 들어가는 엔비디아 AI 가속기가 대표적이다. 방대한 데이터를 단순 연산으로 처리하는 데 최적화돼 있다고 평가된다. 학습용 반도체는 초창기 AI 개발에 있어 뛰어난 성능을 발휘하지만, 엔비디아 칩은 가격이 비싼 데다 전력 소모가 많고 높은 수요로 공급 시일이 걸리는 등의 문제로 AI 기업에서는 대체품을 찾고 있다. 향후 AI에 특화된 저비용·저전력의 새로운 AI 반도체가 주목받을 가능성이 높은 이유다. 퓨리오사AI와 리벨리온 등 국내 AI 반도체 기업은 엔비디아 AI 반도체의 단점을 파고들어 시장 경쟁력을 높인다는 방침이다. 추론용 반도체는 개발된 AI 모델을 바탕으로 챗봇이나 이미지 생성 등 실제 서비스나 앱을 구동할 때 쓰인다. 연산 성능은 학습용에 비해 다소 떨어지지만 비용과 전력 효율이 뛰어나 엔비디아 AI 반도체의 대체재로 자리매김할 가능성이 충분히 있다.

4) 파운드리 기업

엔비디아 AI 반도체를 위탁생산하는 파운드리 기업 대만 TSMC 역시 엔비디아의 반도체 출하량과 신제품 출시 등이 직접 실적에 연동되는 만큼 영향을 받고 있다. 파운드리 기업은 반도체 제조를 전담하는 생산 전문 기업이다. 반도체 설계는 하지 않고 제조만 전담한다. 반도체 설계·디자인을 전문으로 하는 기업으로부터 제조를 위탁받아 반도체를 생산하고 있다. 대만 TSMC와 삼성전자 파운드리사업부 등이 대표적이다. 복잡한 연산과 대규모 병렬 처리가 요구되는 AI 작업에서 GPU가 강점을 보이면서 다년간 GPU 위탁생산 경험이 있는 TSMC는 AI 반도체 시장 확대에 따라 직접적인 수혜를 입을 것으로 전망된다. AI 사업에 집중하는 구글, 엔비디아, 아마존 등이 빅테크 기업들이 CPU보다 GPU 주문을 늘리면서 TSMC 파운드리 주문도 늘어나는 것이 이를 방증한다. 엔비디아 역시 TSMC 최선단 공정을 활용해 자사 AI 반도체를 생산하고 있다.

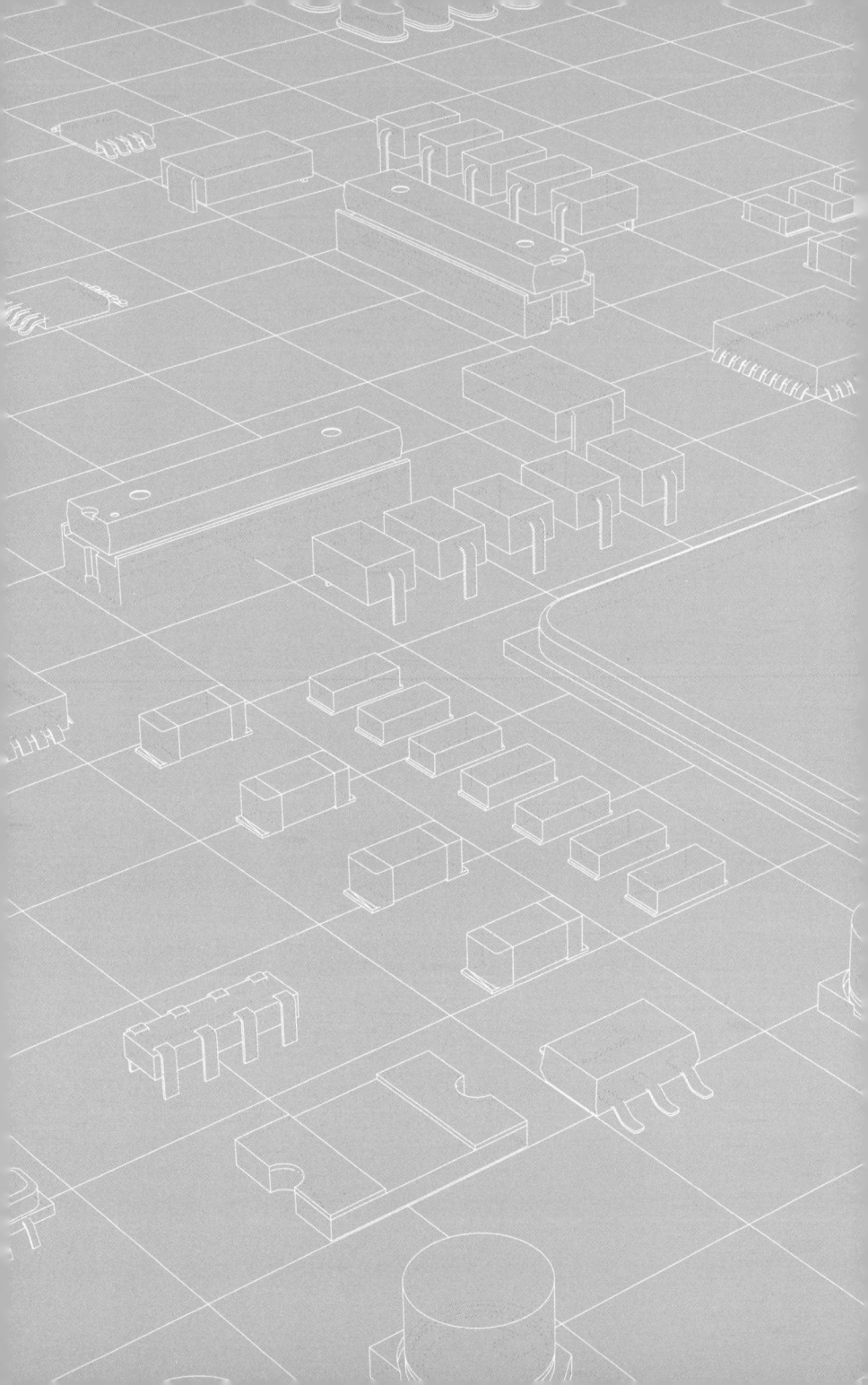

PART 3

엔비디아의 미래

1 ─── 엔비디아의 독주, 계속될까
2 ─── 엔비디아 대항마 파헤치기
3 ─── 엔비디아 투자처로 보는 미래
4 ─── 전문가가 예측하는 향후 AI·엔비디아 미래는
5 ─── AI, 벤처투자를 이끌다

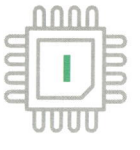

엔비디아의 독주, 계속될까

1) 엔비디아 GPU, 경쟁자가 없다

엔비디아 GPU가 AI 시장 성장과 함께 주목받자 AMD, 인텔 등 경쟁사들도 앞다퉈 고성능 GPU를 선보이며 뒤쫓고 있다. 마이크로소프트, 애플, 메타 등 비 개발사마저도 자체 AI 칩 개발에 나서는 상황에서 엔비디아 GPU가 과연 얼마나 버틸 수 있을지 의문을 제기하는 이들도 있다. 증권가에서도 엔비디아 GPU의 미래가 어떤 양상으로 흐를지가 초미의 관심사다. 결론부터 얘기하자면 엔비디아를 따라잡을 경쟁자는 아직 없다. 엔비디아 역시 자신의 미래를 좌우할 GPU에서 한 시도 눈을 떼지 않고 투자를 강화하고 있으며 다른 기업과의 격차를 벌리는 데 집중하고 있다.

우선 엔비디아 경쟁자들은 엔비디아가 강한 학습용 AI 반도체보다 추론용 AI 반도체 시장 틈새를 노린다. 학습용 반도체는 AI 모델을 훈련하기 위해 설계된 것으로 다양한 AI 모델에 적용 가능한 것이 특징이다. 전력 소모와 비용 부담이 크지만, 엔비디아만큼 이 기능을 잘 수행할 반도체가 없다는 데 대부분 동의한다. 오픈AI, 마이크로소프트, 앤스로픽 등 대형언어모델(LLM) 개발사가 학습 단계에서 엔비디아에 의존하는 것도 성능이 뛰어나기 때문이다. 반면 추론용 반도체는 이미 학습된 AI 모델을 기반으로 원하는 최적의 결과값을 만드는 데 집중한다. 예를 들면, 오픈AI가 챗GPT를 개발하기 위해 만든 LLM 'GPT 3.5'는 학습용 반도체를 사용하지만 '챗GPT' 서비스는 추론용 반도체를 사용한다.

이 추론용 AI 반도체 시장에 신경망처리장치(NPU) 기업이 등장, 각개전투를 벌이는 상황이다. 이들은 이 분야에선 엔비디아를 대신할 수 있을 것이라 기대한다. NPU는 인간의 뇌 신경세포가 서로 연결돼 신호를 주고받듯 작동한다. 빠른 속도로 정보를 처리하면서도 엔비디아 GPU보다 전력 소모율이 낮다는 점이 특징이다. AI에 특화된 반도체로서 엔비디아 GPU 대비 10배 가량 속도는 빠르면서도 전력 소모는 5분의 1수준이다.

젠슨 황 엔비디아 CEO가 지난 5월 미국 캘리포니아주 새너제이 SAP센터에서 열린 'AI 개발자 콘퍼런스(GTC 2024)'에서 차세대 AI 반도체 '블랙웰(B200)' 등 신제품들을 선보이고 있다. (출처: AFP 연합뉴스)

그렇다면 이 추론 시장에서 엔비디아 GPU는 NPU에 밀릴 수밖에 없는 것일까. 그렇지 않다.

엔비디아는 이미 NPU 영역까지도 투자해 뒤따라오는 기업들과 격차를 지속 벌려놓고 있다. 엔비디아는 NPU가 강한 추론 영역에서도 성능을 지속 개선하는 중이다. 대표적으로 올 초 엔비디아가 개발자 컨퍼런스 'GTC 2024'에서 공개한 차세대 AI 반도체 모델 블랙웰을 기반으로 AI를 구동하면 기존 H100보다 최대 30배

가량 추론 성능을 높일 수 있다. 비용과 전력 소비는 최대 25분의 1 수준까지 낮춰 고비용, 고전력이라는 엔비디아 약점을 극복했다.

경쟁사가 맹추격 중이지만 엔비디아의 GPU 미래는 당분간(최소 3년~5년)은 장밋빛이다. 우선 엔비디아는 GPU 혁신을 지속 중이다. 전체 매출에서 연구개발비가 차지하는 비중이 평균 20%를 웃돌며 대부분 금액을 GPU 신제품 개발에 투입하고 있다. 이 연구개발 속 새 시대를 열 차세대 AI '루빈'이 탄생했다. 루빈은 2025년 출시 예정인 블랙웰 GPU 뒤를 잇는 차차세대 모델이다. 엔비디아는 루빈 GPU에 6세대 고대역폭메모리(HBM)인 'HBM4'를 채택할 것이라 밝혔다. 세계 최대 파운드리(반도체 수탁생산) 업체인 TSMC에서 생산할 루빈 GPU는 HBM4를 사용하는 최초의 GPU가 될 것이라는 게 엔비디아측 주장이다. 루빈은 내년 블랙웰에 이어 2026년 본격 양산될 것으로 전망된다. 2년 후까지 자기 모델이 확정된 상황에서 경쟁사가 이 비전과 기술을 단기간에 따라잡기란 쉽지 않다. 오히려 격차는 더 커졌다고 볼 수 있다. 올 초 젠슨 황 CEO는 엔비디아 AI 가속기 신제품 출시 간격을 기존 2년에서 1년으로 단축한다고 밝힌 바 있다. 내년 블랙웰 울트라와 2026년 루빈 'R100' 출시는 이 같은 로드맵 아래 만들어진 제품이다.

여기에 더해 'NV링크'를 주목해야 한다. 엔비디아 GPU의 미래를 바라볼 때 단순 GPU 성능만 생각해선 안 된다. 엔비디아가 강할 수밖에 없는 또 다른 이유는 NV링크가 있기 때문이다. NV링크가 없던 기존 환경에서는 GPU와 GPU간 데이터를 교환하려면 CPU를 거쳐야 했다. NV링크는 CPU를 거치지 않고 GPU끼리 데이터를 교환할 수 있도록 연결해주는 플랫폼이다. NV링크 덕분에 빠른 속도로 데이터를 주고받는 것이 가능해졌다. 여기에 더해 'NV링크 스위치'는 수많은 GPU간 주고받는 데이터가 중간에서 갈 길을 잃고 헤매거나 얽히지 않도록 교통정리를 해준다. 덕분에 AI 시스템 규모가 커져도 데이터 속도나 성능이 떨어지는 일이 거의 없다. 이는 엔비디아가 GPU 최적 성능을 지원하기 위해 NV링크, 스위치 등 맞춤 인프라를 갖춘 덕분이다.

엔비디아 링크 브릿지

타사가 엔비디아 GPU 성능은 어느 정도 넘어설 수 있다. 최종적으로 엔비디아를 능가하기 어려운 것은 이 같은 전반적 토양이 약하기 때문이다. 심지어 엔비디아는 블랙웰을 공개하면서 이전보다 두 배 빠른 5세대 NV링크 인터커넥트를 제공한다는 계획을 밝히기도 했다. NV링크를 통한 속도 혁신도 지속한다는 의미다.

엔비디아가 2021년 선보인 세계 최초 클라우드 네이티브 멀티-테넌트 AI 슈퍼컴 엔비디아 DGX

여기서 나아가 AI 데이터센터 시장은 엔비디아 GPU의 새로운 먹거리로 GPU 성장을 뒷받침할 것으로 보인다. 시장조사업체 데이터브릿지 마켓 리서치에 따르면 데이터센터를 비롯해 네트워크 등 AI 인프라 시장 규모는 오는 2029년까지 연평균 43.5% 성장해 4225억5000만 달러에 이를 것으로 예상된다. 엔비디아는 지금도 데이터센터 GPU 시장 점유율 1위를 기록하고 있지만 단순 GPU뿐만 아니라 AI 데이터센터 전반을 아우르는 시장을 공략하려 한다. 지난 6월 대만에서 열린 컴퓨텍스에서 황 CEO는 "새로운 유형의 데이터센터인 AI 팩토리를 구축하기 위해 여러 기업과 국가가 엔비디아와 협력하고 있다"면서 "서버, 네트워킹, 인프라 제조업체부터 소프트웨어 개발자에 이르기까지 업계 전체가 블랙웰을 통해 모든 분야에서 AI 기반 혁신을 가속화 할 준비를 하고 있다"고 소개했다.

특히 AI 데이터센터 시장에서 가장 중요한 전력 문제를 해결하기 위한 플랫폼 고도화에 주력했다. DGX(엔비디아 GPU로 가속화된 서버)와 MGX(GPU 기반 모듈형 데이터센터)는 고성능 GPU를 사용해 슈퍼컴퓨터와 같은 AI 데이터센터를 최적 상황에 구현하도록 지원한다. 이들 제품을 통해 엔비디아는 AI 데이터센터 시장에서도 우위를 점할 것으로 기대된다.

2) 강력한 무기 CUDA, 따라올 자 없는 경쟁력

엔비디아의 소프트웨어 플랫폼 '쿠다(Cumpute Unified Device Architecture)'를 빼놓고 엔비디아의 미래를 논할 수 없다.

쿠다의 시작은 2000년으로 거슬러 올라간다. 당시 미국 스탠퍼드대 대학원생이었던 이안 벅(현 엔비디아 부사장)은 엔비디아 지포스 32개를 연결해 고해상도 게임을 구현했다. 수십 개의 GPU를 동시에 동작해 고해상도의 게임 그래픽을 만들기 위해 'GPU 병렬 연산 프로그램'을 고안한 것이다. 벅은 이 GPU 병렬 연산 능력을 게임 외 분야에서도 활용할 수 있지 않을까 고민했다. 당시 미국 국방부 소속 연구기관인 국방고등연구계획국(DARPA) 지원을 받아 GPU 병렬 연산 기능을 지속 연구했고 이후 벅은 엔비디아 인턴으로 입사했다. 벅의 아이디어를 눈여겨본 엔비디아는 벅을 중심으로 연구개발을 이어갔고 2006년 '쿠다'를 개발했다. 쿠다는 2007년부터 엔비디아 모든 GPU 제품에 탑재됐다.

쿠다의 강점은 사용하기 쉽다는 것이다. 개발자들에게 친숙한 C프로그래밍 언어를 제공해 GPU를 활용하도록 했다. 덕분에 개

이안 벅 엔비디아 부사장 (출처: 엔비디아 블로그)

발자들은 GPU 사용을 위해 별도 언어를 배울 필요가 없다. 개발자들이 만들어놓은 것을 재활용하는 라이브러리 기능을 활용하면 개발 시간도 단축된다. 사실 엔비디아는 쿠다를 선보인 초기에만 해도 쿠다가 과학분야에서 많이 활용될 것으로 기대했다. 기초과학이나 우주 등 분야에서는 대용량 데이터를 동시에 처리하는 쿠다 플랫폼이 유용할 것이라는 판단 때문이었다. 그러나 쿠다가 발표된 후 과학 분야에서 활용이 크게 없었고 사내에서도 쿠다의 성장 가능성을 낮게 보는 이들이 많았다.

그러던 쿠다가 빛을 보기 시작한 것은 2012년 세계 AI 4대 석학 중 한 명으로 꼽히는 제프리 힌튼 교수와 제자들이 딥러닝을 선보이면서부터다. 당시 제프리 힌튼 캐나다 토론토대 교수팀은

AI 세계 최대 이미지인식 경연대회(ILSVRC)에 참가해 우승했다. 힌튼 교수팀은 엔비디아 GPU를 활용해 전통적인 기계학습 수준을 뛰어넘는 성능을 보여줬다. 이때부터 AI 역사가 시작됐다고 해도 과언이 아닐 정도다. 특히 힌튼 교수팀이 엔비디아 GTX 580과 쿠다를 사용해 딥러닝에 필요한 연산을 빠른 속도로 처리했다는 소식이 학계에 알려지면서 엔비디아 GPU와 쿠다는 AI 필수 인프라로 소문나기 시작했다.

쿠다는 딥러닝을 구동하기 위한 최적 플랫폼으로 자리잡았다. 특히 cuDNN은 쿠다에서 동작하는 딥러닝 라이브러리로, 대부분의 AI 개발자가 cuDNN을 사용해 AI 모델을 만들었다. 자연스레 쿠다를 사용하는 개발자가 빠른 속도로 늘었다. 그리고 이 쿠다가 동작하는 유일한 하드웨어가 엔비디아 GPU다 보니, 엔비니아들 중심으로 쿠다 생태계가 완성될 수밖에 없었다.

AI 시대로 오면서 많은 기업이 쿠다에 대항하는 플랫폼을 속속 개발하고 있지만 단기간에 쿠다를 따라잡기는 어려울 것이라는 게 업계 중론이다. 대표적으로 애플이 만드는 오픈CL은 개방된 표준 형태를 취하지만 완성도가 다소 떨어진다는 평가를 받는

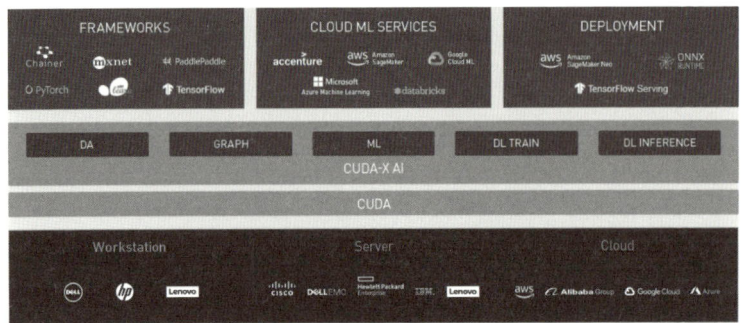

쿠다 기반 AI 기술 구조 (출처: 엔비디아 블로그)

다. 엔비디아 최대 경쟁사인 AMD가 만드는 ROCm은 쿠다에 비해 성능에서 아쉽다는 분석이 많다. 무엇보다 락인효과(특정 제품에 종속되는 현상)를 걷어내기가 쉽지 않다. 이미 쿠다를 사용해 AI 모델을 개발하는 개발자 수가 400만명이 넘는다. AI 개발자 대부분이 쿠다를 사용하고 쿠다가 엔비디아에서만 작동하는 상황 속에서 엔비디아의 GPU 판매와 입지는 공고해질 수밖에 없다.

이렇게 쿠다 생태계가 형성되기까진 엔비디아의 투자도 한몫했다. 엔비디아가 2006년 이후 쿠다에 투자한 금액만 100억 달러(13조4000억원) 이상일 것으로 추정된다. 이 정도 시간과 금액을 투입한 곳을 따라잡기란 경쟁사 입장에서도 쉽지 않다. 여기에 더해 엔비디아는 쿠다 생태계를 더 확장하고 있다. 최근 엔비디아는 전 세계 국가 슈퍼컴퓨터에 오픈소스 '쿠다-Q(Cuda Quantum)' 플랫폼을 탑재한 양자 컴퓨터 센터를 선보였다. 쿠다-Q를 사용하면 다양한 유형의 하드웨어와 소프트웨어를 확장할 수 있다. 엔비디아가 쿠다-Q처럼 플랫폼 확장 모델을 지속 선보이면 쿠다 영향력은 엔비디아 GPU를 넘어설 가능성이 크다. 과거 GPU가 게임을 넘어 타 산업으로 확산했듯 쿠다 역시 딥러닝과 AI 영역에만 머무르진 않을 수도 있다는 거다.

3) 최대 수출국 중국, 미중 갈등 지켜봐야

엔비디아 장밋빛 미래에 유일한 어두운 그림자는 중국 시장이다. 중국은 엔비디아 전체 매출의 30%를 차지할 정도로 미국 다음 큰 시장이었다. 그런 중국 시장이 몇 년 전부터 시작된 미국의 대중 수출 규제 때문에 빨간불이 켜졌다.

2022년 10월 미국 정부는 중국이 군사 용도로 AI 시스템을 갖출 수 있다며 미국 기업의 중국에 대한 반도체 수출을 금지하는 조치를 내렸다. 직격타를 입은 곳이 엔비디아다. 규제 전인 2021년 엔비디아 전체 매출 가운데 중국 비중은 25%를 넘었지만 2024년은 10%대에 머물 것으로 추정된다. 올해 1분기 중국 매출

비중은 중국과 홍콩을 합쳐 9%에 불과했다.

엔비디아는 미국 정부 규제를 피해 'H20' 제품을 출시했다. 이 제품은 엔비디아 고성능 AI 칩인 H100에 비하면 성능이 5분의 1 수준이다. 연산 능력이 떨어짐에도 출시 후 중국 내 반응은 좋았다. 중국 내 AI 반도체 점유율 90%를 차지하던 엔비디아가 규제 문턱에 막혀 제품 확보하기 어려워지자 중국 기업들은 H20이라고 선점하겠다는 분위기였다. 심지어 밀수 시장까지 형성됐다. 외신 보도들에 따르면 중국 밀수업자들은 중국 유학생들을 활용해 엔비디아 반도체를 미국으로 빼돌렸다. 이렇게 들여온 엔비이아 제품은 스타트업이나 연구소 등 소량의 엔비디아 제품을 원하는 곳에 전달된 것으로 알려진다. 밀수된 수량만 연간 1만2500개에 달한다는 보도도 나왔다.

엔비디아는 H20 제품 출하량을 지속 늘리며 줄어든 중국 매출을 끌어올리는 데 집중했다. 시장조사기관들에 따르면 올해 중국 내 H20 판매량은 100만 개 이상으로 이를 통해 120억 달러 이상 매출을 올릴 것으로 예상된다.

그러나 H20 호조 분위기 속에서도 엔비디아 내부는 마냥 긍정적 상황이 아니다. 지난 8월 실적발표 컨퍼런스 콜에서 콜레트 크레스 엔비디아 최고재무책임자는 "전체 데이터센터 매출에서 중국이 차지하는 비중은 여전히 낮은 수준에 머물러 있다"라면서 "중국 시장에서 앞으로 매우 치열한 경쟁이 이어질 것으로 예상한다"라고 말했다.

엔비디아 H100 (출처: 엔비디아 블로그)

엔비디아가 중국 시장을 장밋빛으로 전망하지 않는 것은 중국 정부 정책도 한몫했다. 앞선 미국 정부의 수출 규제는 중국 정부를 자극했다. 중국 정부는 미국 정부의 규제 정책에 대응해 자국 반도체 산업 지원에 전폭적 나섰다. 일각에선 중국의 AI 진흥을 막기 위해 펼친 반도체 수출 금지 정책이 오히려 중국의 자국 반도체 기술 강화로 이끄는 자충수라는 지적까지 나올 정도다. 미국 경제·혁신 정책 싱크탱크인 정보혁신재단(ITIF)은 지난 8월 낸 보고서에서 "중국이 AI에 대한 끊임없는 추진력과 전략적 투자로 미국을 따라잡거나 능가하는 것은 시간문제일 뿐"이라고 내다봤다. 보고서는 "수출 통제를 통해 중국의 첨단 기술에 대한 접근을 제한하려는 미국의 광범위한 노력은 성공을 거두지 못했다"면서 "이런 조치들은 오히려 역효과를 낳아 중국이 자국 생태계를 발전시키도록 자극했다"고 분석했다.

실제 중국은 올 상반기 64조원 가량을 투입하는 반도체 지원 정책을 발표하며 공격적으로 나서고 있다. 보고서를 작성한 호단 오마르 수석정책관은 "중국이 복사기에 불과하다는 이야기는 잘못되고 시대에 뒤떨어진 것"이라며 "이제 미국에 필적하는 AI 혁신 생태계를 발전시켜 글로벌 경쟁국을 능가하는 최첨단 모델을 생산하고 있다"고 밝혔다. 그는 "이 추세가 계속되면 미국은 중국을 모방하는 위치에 서게 될 수도 있다"며 "AI 연구·개발에 대한 민간 투자를 촉진하는 한편 연방 정부의 자금 지원 프로세스를 활성화하고, 포괄적인 국가 AI 전략을 수립해야 한다"고 제언하기도 했다.

화웨이가 2019년 선보인 AI 칩 어센드910

여기에 중국 기업 화웨이가 엔비디아에 대항해 GPU 개발에 열을 올리고 있다. 화웨이의 GPU '어센드910' 시리즈는 아직 엔비디아 제품보다는 성능이 떨어지는 것으로 알려졌지만 중국 정부 지원을 직간접적으로 받으며 자국 내에서 입지를 튼튼히 하고 있다. 특히 화웨이가 조만간 발표할 3세대 모델인 '어센드910C'는 엔비디아 고성능 AI 칩 H100보다 높은 성능을 갖췄다는게 화웨이측 설명이다. H100보다 다소 성능이 떨어지더라도 중국 기업의 반도체 수준이 예전과 비교해 급격히 좋아졌다는 것을 의미해 엔비디아 입장에선 긴장하지 않을 수 없다.

물론 엔비디아도 지속 중국 시장 문을 두드리고 있다. 'B20' 모델이 대표적이다. 엔비디아는 미국 규제를 충족한 차세대 AI 칩 'B20'을 올해 말 선보이고, 이르면 내년 2분기부터 납품을 시작할 것으로 예상보인다. 그러나 이 역시 미국 추가 제재 대상에 포함될 수 있어 중국 수출 가능성이 불투명하다.

이 같은 전반적 상황을 미뤄볼 때 엔비디아 독주가 계속될 것으로 보이지만 중국 시장만큼은 정부의 거시적 규제와 맞물려 시시각각 상황이 변할 것으로 예상된다. 이는 중장기적으로 봤을 때 중국 내 반도체 역량을 강화하는 계기를 만드는 동시에 엔비디아의 중국 내 점유율을 떨어트려 수출 한 축이 무너질 수도 있음을 의미한다. 단기간 타격은 적겠지만 향후 수출 시장 전반을 좌우할 수 있는 만큼 엔비디아 미래를 판단하는 데 지속 모니터링이 필요한 부분이다.

엔비디아 대항마 파헤치기

1) 끝없이 도전하는 AMD

엔비디아의 강력한 경쟁자를 꼽는다면 AMD다. AMD는 10년 전부터 연구개발(R&D)에 매년 60어 달러(약 8조원)를 사용하며 제품개발에 매진했다. 엔비디아보다 매출은 절반가량이지만 R&D는 엔비디아와 비슷한 수준이다. 엔비디아에 뒤지지 않을 정도로 투자를 단행한다는 의미다. 지난 6월 엔비디아가 신제품 출시 시기를 기존 2년 단위에서 1년으로 단축한다고 발표했을 때 AMD도 1년마다 신제품을 출시하겠다는 맞불 전략을 놓을 수 있었던 것은 이 같은 투자가 바탕에 있었기 때문이다.

AMD는 올해 들어 엔비디아와의 경쟁에서 더 자신감을 내비쳤다. 대표적으로 지난 6월 기존 제품 MI300X의 업그레이드 버전인 'MI325X'를 선보였을 때다. AMD는 MI325X의 가장 큰 특징으로 엔비디아 제품 대비 뛰어난 메모리 용량을 꼽았다. 엔비디아의 H200에는 HBM3E가 총 6개 들어간다. AMD는 MI325X에 HBM3E를 12개까지 탑재, 성능 전체에 있어 B200보다 1.2배 빠르다고 주장한다. 이어 AMD는 제품 로드맵을 공개하며 새 아키텍처를 사용하는 인스팅트 MI350 시리즈를 내년에 출시하고 이후 차세대 제품인 인스팅트 MI400 시리즈도 2026년에 출시하겠다는 계획을 전했다. 엔비디아에 뒤지지 않는 신제품 라인업을 준비해 격차를 좁히겠다는 전략이다.

AMD는 단순 로드맵뿐 아니라 성능면에서도 엔비디아를 따라잡을 만큼 올라왔다고 자신한다. 지난 8월 AMD는 AI 개방형 컨소시엄인 ML커먼즈 웹사이트를 통해 AMD 인스팅트 MI300X GPU를 사용한 ML퍼프(MLPerf) 벤치마크 결과를 공개했다. AMD는 "AMD 인스팅트 MI300X GPU 가속기를 탑재한 차세대 5세대 AMD 에픽(코드명 튜린) CPU의 성능 향상을 입증했다"면서 "서버 시나리오에서 인텔 제온을 탑재한 엔비디아 DGX

H100보다 약간 앞서고 FP8 정밀도에서 오프라인 시나리오의 경우 비슷한 성능을 유지했다는 테스트 결과가 나왔다"고 전했다. AMD 입장에선 그동안 투자가 빛을 발하는 소식이었을 것이다.

AMD는 엔비디아 GPU만 경쟁대상이라 생각하지 않는다. 기업 대 기업 간 경쟁에서도 미국 최대 반도체 회사로 평가받고 싶은 분위기다. 이 같은 이유 때문인지 엔비디아만큼이나 인수합병이나 투자에도 적극적이다. 대표적으로 지난 7월 핀란드 스타트업 사일로AI를 6억6500만달러(약 9200억원)에 인수한 데 이어 지난 8월에는 서버 제조업체 ZT시스템을 49억달러(약 6조5000억원)에 인수했다. 사일로AI는 기업 요구에 맞춘 AI 모델과 시스템을 개발하는 업체다. ZT시스템은 대규모 데이터센터용 서버를 제조하는 기업이다. 두 회사 모두 엔비디아가 주력하는 AI와 데이터센터 시장에 맞서기 위한 기술과 인력을 보유했다. AMD 입장에선 기술뿐만 아니라 전문 엔지니어를 대거 확보하기 위한 선택이었을 것이다. 이들을 통해 AMD 반도체 경쟁력을 한 단계 끌어올리는 데 더 주력할 것으로 보인다. 엔비디아도 AMD의 인수 소식 발표 후 ZT시스템에 더는 AI 반도체를 공급하지 않겠다는 견해를 밝히는 등 예민한 모습을 보이기도 했다.

AMD 인스팅트 MI325X 가속기 (출처: AMD)

AMD는 좀 더 공격적으로 엔비디아 진영을 공격하기 위해 연합체를 결성하기도 했다. '울트라 가속기 링크(Ultra Accelerator Link·UA링크) 프로모터 그룹'이 그것이다. UA링크는 AMD를 비롯해 인텔, 구글, 마이크로소프트 등 반(反)엔비디아 진영이 함께 개발하는 기술 표준이다. 엔비디아의 'NV링크'를 겨냥한 것이다. 엔비디아 GPU가 강력한 이유는 SW플랫폼 '쿠다'도 있지만 'NV링크'를 빼놓을 수 없다. NV링크는 GPU, CPU 등 칩간 데이터 전송을 원활하게 도와주는 기술이다. 이 덕분에 대량의 반도체를 사용하더라도 빠른 속도로 정확한 업무 처리가 가능하다. 다만 이 역시 엔비디아 제품을 사용할 때만 이용 가능한 기술이라 경쟁자로션 엔비디아 락인효과를 가속하는 요인이기도 하다. AMD와 반 엔비디아 진영이 개발하는 UA링크는 엔비디아 제품을 사용하지 않더라도 이 같은 속도 혁신을 누구나 누리도록 개발하는데 목적이 있다. 개발이 완료되면 AMD나 인텔, MS 등 어떤 반도체를 사용하더라도 UA 링크와 호환돼 빠른 속도를 경험할 수 있다.

엔비디아의 가장 강력한 경쟁자로 꼽히는 AMD가 분야별 투자와 혁신을 이어가고 있지만 엔비디아를 단기간에 따라잡을지는 누구도 뚜렷한 답을 내놓지 못한다. 아직 역부족이라는 평이 대부분이다. AMD가 강조하는 성능에선 엔비디아를 일부 따라잡을지 모르겠지만 AMD 고객사는 여전히 전체 AI 반도체 시장의 20% 수준이다. 80% 가량을 차지하는 엔비디아 고객을 끌어들이기에는 성능만으론 부족하다. 연합 기업들과 함께 개발하는 UA 링크가 있지만, 이 역시 아직 개발 초기 단계라 얼마나 확산할지도 미지수다.

2) CPU 강자 인텔, GPU 시장 도전장

PC CPU 강자인 인텔은 이제 엔비디아가 주도하는 GPU 시장을 노린다. GPU 시장에 엔비디아가 있다면 CPU 시장에는 인텔이 있었다. 인텔은 CPU 시장에서 한때 시장 점유율 90%를 훌쩍 넘는 그야말로 CPU 왕좌를 이어왔다. 그러다 AMD 등 경쟁사가 등장하며 90%대 점유율은 70%까지 떨어졌다. 물론 70%대도 낮은 수치는 아니지만 PC 시장은 침체가 계속되고 있다. 인텔은 CPU만으로는 미래를 장담할 수 없다고 판단했고, 차세대 사업 중 하나로 GPU를 선택했다.

2020년 인텔은 GPU는 몇 년간의 연구개발과 시행착오를 거쳐 AI 반도체 '가우디'를 선보인다. 최근 가우디3까지 출시됐다. 팻 겔싱어 인텔 CEO는 인텔 비전 행사에서 '가우디3'를 직접 공개하면서 확신에 찬 모습을 보였다. 성능은 엔비디아 제품에 뒤지지 않으면서 가격은 3분의 1에서 5분의 1 수준까지 낮춰 공급하겠다는 파격적 발표를 했다. 가우디3 성능이 엔비디아 H100 제품과 비교했을 때 AI 모델 학습 속도가 40~50% 빠르다는 벤치마크 결과도 있다고 인텔은 주장한다.

인텔은 과거 x86 기반으로 제품이 전환되도록 기술을 공개하면서 서버 시장에 큰 변혁을 가져왔고 저렴한 가격의 x86 서버 시장이 확산되면서 IT 시장이 한 단계 성장하는 기반을 다졌다. 인텔은 AI 반도체 영역에서도 엔비디아를 뛰어넘는 것뿐만 아니라

인텔 비전 2024에서 팻 겔싱어 인텔 CEO가 인텔 가우디 3 가속기를 소개하고 있다. (출처: 인텔)

AI 대중화를 이루는 데 일조하겠다는 의지를 가우디에 담았다. 제품 가격을 경쟁사 대비 대폭 낮춘 것도 엔비디아 틈새를 파고들겠다는 전략이기도 하다. 또 한편으론 고가 엔비디아 제품을 대신해 많은 기업의 AI 진입 문턱을 낮추는 데 도움을 주기 위해서라는 명분도 내세운다.

인텔은 엔비디아 약점도 파고든다. 인텔과 퀄컴, 구글이 설립한 컨소시엄 'UXL 재단'은 쿠다 플랫폼에 대항하는 오픈소스 프로젝트를 진행하고 있다. 쿠다는 엔비디아 제품만 지원하는데 반해 UXL 재단은 다양한 AI 반도체를 구동할 수 있는 소프트웨어와 도구 등을 개발할 계획이다. 쿠다의 강점이자 약점으로 꼽히는 단일 하드웨어(엔비디아) 지원 문제를 정면 돌파하겠다는 의지가 담긴 프로젝트다.

인텔이 여러모로 GPU에 진심이자 적극적이지만 시장은 인텔에 회의적이다. 무엇보다 인텔은 최근 극심한 경영난에 직면했다. 이 같은 상황에서 막대한 투자와 인력이 필요한 GPU 혁신을 지속하기란 쉽지 않다. 내년 신제품 출시를 앞뒀지만, 이 역시 막판 안정화 작업 등에 얼마나 투자할 수 있을지 가늠하기 어렵다. 여러모로 어려운 상황인 인텔과 협업을 이어갈 회사를 찾기도 쉽지 않아 야심 차게 뛰어든 GPU 사업은 동력을 잃을 가능성이 커 보인다.

3) 나만의 반도체 만들기에 열 올리는 빅테크들

AMD와 인텔 외에도 세계 시장에는 테크 강자들이 많다. 이들 역시 엔비디아 영향력을 줄이기 위해 자체 AI 반도체를 양산하며 영향력을 키우고 있다. 이들은 엔비디아 최대 고객사들이기도 하다. 이들이 자체 반도체를 만든다는 것은 결국 엔비디아 제품 의존도를 줄이겠다는 것과 다름없다. 엔비디아 매출에 있어 반가운

소식은 아니다.

대표 고객사인 마이크로소프트는 지난해 말 자체 개발한 GPU '마이아 100'을 공개했다. 마이아 100은 오픈AI 모델 학습과 추론 영역에 특화됐다. 엔비디아 제품과 비교했을 때 어느 정도의 성능이나 가격대를 형성할지는 아직 구체화한 게 없다. 그런데도 이 제품이 주목받는 것은 마이크로소프트가 앞으로 엔비디아 대신 자신들이 개발한 마이아 100을 도입할 가능성이 커졌기 때문이다. 마이크로소프트와 AI 시장에서 함께 움직이는 오픈AI(챗GPT 개발사)도 지난해 마이아 100 발표 후 보도자료를 내고 "마이아 100을 통해 더 유능한 모델을 훈련할 수 있는 길이 열렸다"며 "최종 사용자에게 더 낮은 비용으로 (오픈AI 서비스를) 제공할 수 있을 것"이라고 말했다. 오픈 AI 역시도 엔비디아 의존도를 낮추기 위해 반도체 설계기업과 자체 AI 반도체 개발을 논의 중인 것으로 알려진다.

물론 마이크로소프트가 자체 반도체를 제작했다고 바로 엔비디아 제품 구매를 중단할 순 없다. 마이아 100을 공개하면서도 이날 마이크로소프트는 엔비디아와 AMD가 개발한 최신 GPU를 도입한다는 계획을 밝히기도 했다. 당장 엔비디아 영향력에서 벗어날 수 없지만 무작정 엔비디아만 바라보는 것은 아니라는 신호를 줬다는 점에서 마이아 100 출시는 의미를 갖는다.

아마존은 마이크로소프트보다 좀 더 공격적이다. 지난 7월 외신 보도에 따르면 아마존은 미국 텍사스에 위치한 연구소에서 새로운 서버 설계를 테스트하고 있는데 여기에 아마존이 자체 개발한 AI 반도체가 탑재됐다. 아마존은 차세대 반도체 제품인 '그라비톤'과 '트레이니움'을 개발했다. 이들 반도체는 머신러닝 모델 훈련과 생성형 AI 애플리케이션 개발 등에 특화됐다. 아마존은 이들 반도체가 엔비디아보다 최대 40~50% 저렴하고 더 나은 성능을 제공한다고 주장한다. 아직 외부에 판매가 되지 않아 성능을 증명하기는 어렵지만, 시장에 본격적으로 뛰어들 때 가격 경쟁력 등을 앞세워 공격적으로 나설 수 있다는 것을 보여주는 대목이다.

여기에 최근 애플까지 가세했다. 애플은 지난 6월 개최한 세계 개발자회의(WWDC2024)에서 다양한 AI 기능을 소개하며, 이들 대부분을 자체 개발한 AI 모델로 개발했다고 공개해 업계 주목을 받았다. 애플은 여기에 더해 반도체를 직접 개발해 AI 서버를 구축한다는 계획까지 공개했다. 'ACDC'로 불리는 이 프로젝트는 AI

데이터센터 서버용 자체 반도체 개발을 진행한다. 이미 애플은 아이폰, 맥 등 기기에 자체 프로세스 반도체를 넣으며 기기 성능을 높이고 배터리 수명을 늘리는 경험을 한 바 있다. 이때는 인텔 의존도를 낮추기 위함이었다면 이제는 AI 분야에서 엔비디아 의존도를 낮추기 위해 또 한 번 자체 개발 반도체 카드를 든 것이다.

지난 6월 미국 캘리포니아 쿠퍼티노에서 열린 WWDC 2024에서 팀쿡 애플 CEO가 영상을 통해 인사하고 있다. (출처: AFP연합뉴스)

글로벌 빅테크마다 자체 반도체 개발에 열을 올리지만, 엔비디아를 가장 긴장하게 만든 기업은 메타일 것이다. 메타는 생성형AI

오픈소스 '라마'를 발표하면서 오픈AI와 경쟁구도를 형성하며 단숨에 글로벌 AI 기업으로 올라섰다. 메타는 이미 자체 개발한 AI 추론 가속기를 사용 중이다. 지난 5월에는 2세대 가속기 'MTIA'를 선보였다. 이 제품은 1세대 대비 성능이 최대 3배 향상됐으며, 이미 데이터센터 16곳에서 사용 중이라는 점에서 더 큰 의미를 지닌다. 메타뿐만 아니라 타 생성형 AI 기업에도 판매할만한 경쟁력이 있다는 점에서다.

당장 엔비디아가 입는 타격이 크지는 않다. 이들 기업은 엔비디아 직접 경쟁을 택한 것이 아니라 점차 성장할 것으로 예상되는 AI 시장에서 독점적 위치에 있는 엔비디아에 휘둘리지 않기 위한 보험을 하나씩 들어놓는 수준이다. 그러나 엔비디아로서는 중장기적으로 빅테크 물량이 줄어들 가능성이 있다. 이 때문에 엔비디아가 기존 주요 고객사인 빅테크에만 의존하지 않고 자율주행, 로보틱스, 헬스케어 등 다양한 분야로 사업 영역을 넓혀가는 것으로 보인다.

엔비디아 투자처로 보는 미래

1) GPU 다음은 자율주행

　자율주행은 엔비디아의 GPU 다음 세대를 책임질 대표적 분야 중 하나다. 엔비디아는 2016년 자율주행차 플랫폼 '드라이브'를 선보이며 이 시장에 본격적으로 뛰어들었다. 드라이브는 엔비디아 GPU를 활용해 라이더(고성능 센서), 카메라, 레이더에서 수집한 센서 데이터를 처리하고 실시간으로 데이터를 분석하는 기능을 보유했다. 2021년에는 자율주행차용 고해상도 지도 제작 기술을 보유한 딥맵을 인수했다. 엔비디아는 이 기술을 드라이브에 결합해 고화질 매핑과 현지화 기능을 추가하며 드라이브 기능을 지속 업그레이드했다.

엔비디아는 드라이브에 이어 2019년 '드라이브 AGX 오린'을 발표하며 한 단계 진화한 기술을 선보였다. 오린은 엔비디아가 4년간 연구개발(R&D) 투자를 통해 탄생한 플랫폼이다. 초당 200조의 연산을 제공하는 기술을 제공해 자율주행 시 수많은 실시간 데이터를 지연 없이 처리하도록 지원한다. 자율주행 레벨 2부터 완전 자율주행인 레벨 5 자동차까지 확장 가능한 플랫폼이다. 오린을 선보일 당시 황 CEO는 "현재 우리 사회의 가장 큰 컴퓨팅 과제는 안전한 자율주행을 만드는 일일 것"이라며 "자율주행 차량을 구현하는데 필요한 투자 금액이 기하급수적으로 증가하고, 작업의 복잡성이 갈수록 높아지고 있다"면서 오린이 자율주행 차량에 최적 플랫폼임을 강조했다.

엔비디아는 자율주행 기업에도 투자하며 연대를 강화하고 있다. 2017년 중국 자율주행 트럭 스타트업 '투심플'에 투자한 게 대표적이다. 투심플은 자율주행 장거리 화물배송 기술 관련 회사로 엔비디아 GPU와 드라이브, 쿠다 등을 이용해 자율주행 솔루션을 개발 중이다. 올해도 꾸준히 자율주행 기업들에 투자했다. 5월 영국 스타트업인 '웨이브 테크놀로지스'에 투자한데 이어 6월에는

자율주행트럭 (출처: 엔비디아 블로그)

자율주행 트럭 스타트업 '와비'의 자금 조달 과정에 우버, 볼보와 함께 참여사로 이름을 올렸다.

엔비디아가 자율주행차에 주력하는 이유는 이 시장 성장세에 주목하기 때문이다. 시장조사업체 스태티스타에 따르면 자율주행차 시장은 2025년 260억 달러(34조 8200억원)에서 2030년에는 577억 달러(77조 2800억원)까지 성장할 전망이다.

물론 아직 자율주행 부분이 엔비디아 전체 매출에서 차지하는 비중은 미미하다. 올해 1분기 매출 기준으로 AI 반도체가 포함된 데이터센터 사업 부문 매출은 226억 달러에 달했지만 자동차 매출은 3억 2900만 달러로 전체 매출의 1.6%에 불과했다. 아직은 매출 규모가 작지만 반대로 그만큼 성장할 가능성이 크다고 해석할 수도 있다. JP모건 애널리스트들은 엔비디아가 데이터센터 사업에서 자동차 매출이 연간 20~30% 성장할 수 있다면서 매출이 140억 달러(18조 7500억원)까지 증가할 수 있다고 예상하며 올 상반기에 목표 주가를 높이기도 했다.

2) 신약 개발부터 의료기기까지, AI 혁신 전파

엔비디아는 신약 개발부터 의료 기기까지 헬스케어 주요 분야별로 지원하는 제품과 기술을 보유했다. 10여 년 전부터 이 분야를 신사업으로 바라보고 집중투자 한 덕분이다.

2018년 공개한 AI 기반 의료기기용 플랫폼 '클라라'는 진화를 거듭하며 AI 의료기기 새 장을 열었다는 평가를 받고 있다. 클라라는 AI가 질병을 조기 감지하고 진단, 치료하는데 유용한 기술을 제공한다. 특히 의료기기에서 실시간 생성되는 수천 기가바이트에 달하는 데이터를 처리해 의료진을 돕는다. 대표적으로 클라라 홀로스캔은 의료기기에서 발생하는 데이터를 실시간으로 처리, 지연 시간을 낮추고 비용을 최적화한다. 이를 활용해 초음파, 내시경 등 다양한 의료기기에 AI 혁신을 제공하고 실시간 수술 지원도 가능하다.

신약 개발 관련 이미지 (출처: 엔비디아 블로그)

2022년 선보인 '바이오니모(BioNeMo)'는 생체분자 데이터 생성과 예측, 이해를 돕는 AI 도구다. 신약 개발을 돕는 AI 서비스로 보면 된다. 신약 개발은 약물 후보 물질을 발굴한 후 물질 최적화를 위한 기초연구(2~3년)와 전임상시험(동물대상, 2~3년), 임상시험(인간, 3~10년)을 거쳐 FDA 심사와 신약판매승인까지 최소 10년에서 20년까지 지대한 시간이 걸린다. 바이오니모는 신약 개발을 위한 생성형 AI 기능을 제공, 이 시간을 단축 시키고 비용을 절감하는 데 초점을 맞췄다. 염기서열, 아미노산 서열, 화합물, 단백질 구조, 세포 및 의료 영상 등 생체분자 언어를 학습해 단백질 구조를 예측하고 단백질 서열을 생성하는 등 신약 개발을 위한 AI 파운데이션 모델(사전 학습된 대규모 AI 모델)을 제공한다. 이를 이용해 신약 개발 담당자들은 이전보다 훨씬 빨리 단백질 신약 개발이 가능할 것으로 기대하고 있다.

이미 많은 기업이 클라라를 비롯해 엔비디아 여러 헬스케어 관련 제품을 도입했다. 올 초 열린 헬스케어 분야 최대 행사인 JP모건 헬스케어에서 엔비디아는 거대 제약사(글로벌 빅파마)인 암젠이 엔비디아 신약 개발 플랫폼 '바이오니모(BioNeMo)'를 도입했다고 밝혔다. 2019년 AI를 활용해 신약후보물질을 발굴하는 데 걸리는 기간을 기존 2~3년에서 21일로 단축했다는 보고서를 내며 세계서 주목받은 홍콩 기반 AI 신약 개발 업체 '인실리코 메디신'도 바이오니모를 사용하고 있다.

엔비디아는 헬스케어 분야 파트너십을 강화하고 투자를 단행하며 영향력을 넓히는 중이다. 지난 3월 개최한 'GTC 2024' 컨퍼런스에서 미국 유명 제약회사인 GE헬스케어, 존슨앤존슨(J&J)과 파트너십을 맺었다. GE헬스케어와는 의료 영상 개선을 위한 협업을, J&J와는 수술에 생성형 AI를 사용하기 위한 계약을 진행한다. 직접 투자로는 지난해 바이오 기업 리커전에 5000만 달러(670억원) 투자를 결정한 게 대표적이다. 리커전은 신약 개발 기업으로, 뇌신경질환과 난소암 등 다양한 질환에 대한 치료제를 개발하고 있다. 양사는 생체의학 분야에서 엔비디아 AI 모델을 트레이닝 하기 위해 협력한다는 계획이다.

3) AI 다음 물결은 로보틱스

엔비디아는 로봇에 진심이다. 황 CEO는 지난 6월 미국 칼텍 대학 졸업식 연설에서 "AI의 다음 물결은 로보틱스 분야"라고 언급했다. 이어 "더는 진출할 시장이 없는 상황에서 고객이 없다고 확신하는 곳에 무언가를 만들기로 결정했다"면서 "확실히 보장할 수 있는 것 중 하나는 고객이 없는 곳에는 경쟁자도 없다는 것"이라며 로보틱스 분야가 엔비디아가 진출할 새로운 시장임을 강조했다. 그는 지난 6월 대만에서 열린 컴퓨텍스 기조연설에서도 "모든 공장이 로봇화될 것"이라며 "공장은 로봇을 제작하고 로봇은 로봇화된 제품을 만들게 될 것"이라고 말하면서 로봇의 시대가 머지않았음을 전했다.

생성형 AI 시대, 로봇과 접점이 더 늘어날 수밖에 없다는 게 엔비디아 판단이다. 디푸 탈라 엔비디아 로보틱스 담당 부사장을 올초 CES에 앞서 열린 스페셜이벤트 행사에서 "AI 기반 자율 로봇은 효율성 향상, 비용 절감, 노동력 부족 문제 해결을 위해 점점 더 많이 활용되고 있다"고 말했다. 인간의 두뇌와 유사한 거대언어모델(LLM)을 통해 로봇이 인간의 지시를 더 자연스럽게 이해하고 반응할 것이라는 거다.

엔비디아는 로봇 분야에서도 인간을 닮은 '휴머노이드 로봇'에 주목한다. 황 CEO는 "가장 흥미로운 개발 중 하나가 휴머노이드 로봇"이라며 "전 세계 휴머노이드 개발자와 기업이 각자 필요에 따라 가장 적합한 플랫폼, 가속 라이브러리, AI 모델을 사용하도록 전체 엔비디아 로봇 스택을 발전시키고 있다"고 말했다.

엔비디아는 사람과 유사한 휴머노이드 로봇 개발을 위해 세 가지 플랫폼을 제공한다. 모델 훈련을 위한 엔비디아 AI 슈퍼컴퓨터와 로봇이 시뮬레이션 세계에서 학습하고 기술을 개선할 수 있는 옴니버스 기반의 엔비디아 아이작 심(Sim), 모델 실행을 위한 엔비디아 젯슨 토르 휴머노이드 로봇 컴퓨터다. 개발자는 요구 사항에

젠슨 황 엔비디아 최고경영자(CEO)가 지난 3월 미국 새너제이 SAP센터에서 열린 'GTC 2024'에서 휴머노이드를 포함한 AI 로봇을 소개하고 있다. (출처: AFP연합뉴스)

따라 이들 플랫폼 전체나 일부를 사용할 수 있다.

이 같은 기능을 가장 잘 활용한 회사 중 하나가 피규어다. 2022년 설립된 이 회사는 불과 2년 만에 산업 노동력 부족 문제 해결을 위한 작업용 로봇 '피규어'를 선보였다. 최근에는 차세대 버전인 '피규어 02'를 공개하며 주목을 받았는데 그 성능이 업계 최고 수준이다. 유리컵을 들어 선반에 올려놓거나 토스트기에서 갓 구워낸 빵을 꺼내 잼을 바른다든지, 사람만이 할 수 있을 것이라 여겨졌던 세심한 행동까지 피규어는 완벽히 성공해냈다. 피규어는 엔비디아의 휴머노이드 로봇 개발자 프로그램에 참여한 초기 회원사 중 하나이기도 하다. 엔비디아는 이들에게 로봇 개발을 위한 최신 툴과 컴퓨팅 기술을 조기에 제공했다. 피규어 성장 가능성에 주목한 엔비디아는 단순 기술 지원뿐 아니라 최근 주요 기업과 함께 6억7500만 달러(9040억원)에 달하는 자금을 투자하기도 했다.

엔비디아는 지난 3월 로봇이 가상환경을 학습할 수 있는 플랫폼 '프로젝트 그루트'를 선보이기도 했다. 그루트는 '범용 로봇 00 기술(Generalist Robot 00 Technology)'의 약자다. 엔비디아는 그루트가 휴머노이드 범용 시대를 열 차세대 플랫폼이 될 것이라 기대한다. 그루트로 구동되는 로봇은 인간의 언어를 이해하고 행동을 관찰해 움직임을 모방하는 등 휴머노이드 로봇에 최적화됐다. 이를 이용하면 누구나 쉽고 빠르게 로봇을 개발할 수 있어 로봇 대중화에도 일조할 것이라는 판단이다.

4) 그래픽 강자에서 XR 강자로

메타버스도 엔비디아가 꾸준히 투자하는 분야다. 엔비디아의 메타버스는 산업용 시장을 지원하는 플랫폼 '옴니버스'와 일반인을 포함한 다양한 사용자의 원활한 확장현실(XR) 경험을 지원하는 '클라우드XR' 두 축으로 구성됐다.

젠슨 황 CEO 메타버스 이미지

　2022년 발표한 옴니버스는 가상공간 협업 플랫폼이다. 실시간 시뮬레이션 기능을 비롯해 시각화 기능을 제공해 기업이 원하는 디지털 트윈 공간 구축도 가능하다. 기업은 이 디지털 트윈 공간 속에서 건축이나 제조 등을 시뮬레이션하고 먼 거리에 있는 직원과도 이 가상공간 속에서 협업할 수 있다. 이미 다양한 기업이 엔비디아 옴니버스를 활용해 여러 시도를 하고 있다.

　특히 차량의 경우 차량 설계부터 검증, 테스트까지 자동차 제조 전 과정을 디지털화해 효율성뿐 아니라 안정성까지 높일 수 있다는 점에서 주목을 받고 있다. BMW는 옴니버스를 전 세계 공장에 도입, 전반 제작 프로세스를 30%까지 효율화할 수 있을 것으로 기대한다. 글로벌 제조기업 지멘스도 산업용 메타버스 구축을 위해 옴니버스를 자사 플랫폼 '지멘스 엑셀레이터'에 적용했다. 엔비디아 옴니버스를 활용해 이전보다 더 사실적인 시각화를 구현, 제조 현장에 도입 중이다. 엔비디아와 지멘스는 올 초 행사에서 HD현대가 이를 활용해 새로운 선박을 얼마나 실감이 나게 설계하는지를 보여줘 주목받기도 했다. 독일 철도 회사 도이체 반은 지멘스와 엔비디아 옴니버스를 활용해 철도 네트워크와 열차의 대규모 디지털 트윈을 구축, 승객과 물품 수송용 철도 용량을 극대화하고 운영에 의한 탄소 배출량을 크게 줄였다. 애플 가상현실(VR) 제품인 비전프로에도 옴니버스가 도입될 것으로 알려지는 등 업무 협업용 여러 제품과 솔루션에서 옴니버스 활용도는 더 높아질 것으로 예상된다.

엔비디아 메타버스 또 다른 축인 클라우드 XR은 고성능 네트워크를 통해 고품질의 증강현실(AR), VR과 혼합현실(MR) 콘텐츠를 스트리밍하도록 지원하는 기술로 2020년 첫 선보였다.
클라우드 XR 플랫폼을 이용하면 VR, AR 재생기기인 헤드 마운트 디스플레이(HMD)나 윈도, 안드로이드 커넥티드 디바이스를 포함한 모든 사용자 디바이스를 고품질 그래픽을 제공하는 고성능 XR 디스플레이로 변화시킬 수 있다. 스마트폰, 태블릿에서도 고품질 XR 경험이 가능한 것이다. 그래픽 강점을 보유한 엔비디아이기에 구현할 수 있는 XR 플랫폼이기도 하다.

5) 기후문제도 AI로 해결한다

엔비디아가 기후테크에도 관심을 가진다는 사실을 아는 이는 많지 않을 것이다. 과거 기상예보사 등 인간에 의존하던 기후 예측은 AI를 만나면서 한층 고도화됐다. AI가 접목됐으니 이 분야 전문가인 엔비디아가 빠질 순 없다.

엔비디아에 따르면 기후변화로 인한 기상 이변이 초래한 사회적 비용은 2000~2019년까지 연간 평균 1400억 달러에 달했다. 2022년 이후에는 기후 피해로 인해 치른 글로벌 비용이 누적 2800억 달러로 추정된다. 엔비디아는 이 같은 기후변화 문제를 자사 기술로 해결하겠다고 나섰다.

젠슨 황 엔비디아 CEO가 지난 6월 대만 컴퓨텍스 기조연설에서 지구를 디지털 트윈 기술로 구현한 어스2 프로젝트에 대해 설명하고 있다.

엔비디아 기후테크 기술이 세계 주목을 받은 것은 올 초 'GTC2024'에서 '어스2'가 공개되면서부터다. 어스2는 엔비디아가 지구 전체를 가상세계로 구현한 플랫폼이다. 가상세계에 구현한 두 번째 지구라는 의미에서 '어스1'이 아니라 '어스2'라고 이름 붙였다. 엔비디아는 지구 전체를 디지털트윈으로 구현함으로써 각종 기상 이변이나 기후변화 등이 이전보다 훨씬 정교하게 예측 가능해졌다고 설명한다. 엔비디아가 어스2를 선보이기까지 몇 년

간 연구개발 투자가 선행됐다. 젠슨 황 CEO는 2021년 GTC 기조연설에서 "어스2에 회사가 지금까지 발명한 모든 기술이 집대성될 것"이라며 어스2 개발에 기대감을 내비치기도 했다.

엔비디아는 시뮬레이션 기술이 기후변화를 예측하는 데 중요한 전환점을 제공할 것으로 판단했다. 일기예보는 일반적 기상관측 데이터를 분석해 예측 정보를 제공하는 게 일반적이다. 엔비디아가 주목하는 기후모델은 대기, 물, 얼음, 육지, 인간 활동의 물리, 화학, 생물학 등을 모델링하는 수십 년에 걸친 시뮬레이션이 필요하다. 특히 급변하는 기상 상황을 정확하게 예측하려면 킬로미터 단위의 해상도로 고비용의 시뮬레이션이 필요하다. 기존 시뮬레이션 방법을 사용하면 모델이 너무 크고 계산 비용이 많이 들어 이를 감당하기가 쉽지 않다. 과학자들은 현재 이용 가능한 컴퓨팅 성능보다 수백만 배에서 수십억 배 높은 성능이 필요하다고 추정한다.

엔비디아는 수백만 가속을 달성할 수 있는 GPU 가속 컴퓨팅과 물리학 기반의 신경망 딥 러닝, 많은 양의 관찰, 모델 데이터를 동반한 AI 슈퍼컴퓨터 이 세 가지 기술을 결합해 초고해상도 기후 모델링을 개발했다.

어스2는 이전 기후모델과 비교해 연산 속도는 1000배 빠르고

해상도는 12.5배 높다. 이는 기존 모델보다 지역별 상황을 고해상도로 파악할 수 있어 이전보다 세밀한 예보가 가능해졌다는 것을 뜻한다. 기존 방식 대비 비용은 50배, 에너지 사용량은 연간 25배 절감할 수 있다.

어스2는 기후 관련 스타트업인 투모로우닷 아이오, 노스닷 아이오, 클리마센스 세 곳에 사용 중이다. 이들은 각각 세계 기상 지도와 해저 지도, 도시 내 기후리스크 지동화를 위해 어스2를 활용해 기술력과 완성도를 끌어올리고 있다. 대만 기상청도 엔비디아 어스2를 채택했다. 태풍 상륙 정확한 위치를 예측하는데 이를 활용할 계획이다.

엔비디아는 어스2를 행성 규모로 확장할 계획을 밝히기도 했다. AI, 물리 시뮬레이션, 관측 데이터를 융합해 국가와 기업이 기후변화와 같은 글로벌 이슈에 대응할 수 있도록 지원한다는 생각이다. 이를 통해 2050년까지 백만 명의 목숨과 연간 1조 7000억 달러의 비용이 발생할 것으로 예상되는 기후 변화 영향을 해결하는 데 도움이 될 것이라는 게 엔비디아 설명이다.

전문가가 예측하는
향후 AI·엔비디아 미래는

1) 이용덕 바로AI 대표 (前 엔비디아코리아 지사장)

"AI 시대, 엔비디아 기술 리더십 발휘할 것"

이용덕 바로AI 대표는 2006년부터 2018년까지 13년간 엔비디아코리아 지사장으로 재직하며 엔비디아가 국내외서 성장한 과정을 현장에서 생생히 목격했다. 엔비디아 재직 당시 젠슨 황 엔비디아 창업자가 방한할 때마다 그를 수행하며 그의 리

더십과 성품에 매료됐다. 엔비디아 덕분에 AI에 미래가 있다고 판단, 퇴사 후 AI 기술 전문회사 '바로AI'를 설립했다. 기술력으로 AI 시장에서 승부를 걸겠다는 목표 아래 바로AI 성장을 위해 고군분투하고 있으며, AI와 창업 전문가로서 대학과 대기업, 공공 등에서 강의와 강연을 이어가고 있다.

Q 엔비디아에 오랜 기간 몸담으며 느낀 엔비디아의 성공 비결은 무엇이라 생각하나.

A 우선 GPU 라는 기술을 발명하고 GPU 하나에만 집중했다는 점이다. 엔비디아가 그래픽을 처리하는 시장에서 일찌감치 독보적 위치를 차지하면서 일인자가 됐고, 이를 통해 많은 현금(캐시)을 확보했다. 이를 GPU 하나만 바라보고 GPU 기술을 더 완성하는데 집중적으로 투자하고 지속 강화했다는 점이 대단한 부분이다. GPU 하나로 시가총액 1위를 했다. 반도체 황제라 불리던 인텔도 시가총액 1위는 못했다. GPU 기술에 대한 집중력, 투자, 연구개발 3박자가 모두 함께 이뤄지며 가져온 결과다. 이 과정에서 무엇보다 중요한 것은 젠슨 황 CEO의 철학이었다. CEO가 기술 전문성이 워낙 강하다 보니 장기적 관점에서 판단하고 꾸준히 투자하는

것이 가능했다. 2006년 발표한 쿠다(CUDA)도 이미 2000년대 초반부터 오랫동안 투자한 결과물이다. 병렬 컴퓨팅이 대용량 데이터 처리에 적합한 기술이라는 것과 이를 통해 AI 시장이 열릴 것이라는 젠슨 황의 판단과 예측 덕분에 엔비디아는 AI 시대 진정한 승자가 될 수 있었다.

Q 가까이에서 바라봤던 젠슨 황 엔비디아 CEO의 장점은 무엇이라 생각하나. 그리고 이 장점이 엔비디아 기업 성장에 어떤 영향을 미쳤다고 보나.

A 13년을 CEO로 모시고 곁에서 봐왔다. 한국도 사업 때문에 자주 왔었다. 기술회사의 CEO이자 리더로서 젠슨 황을 존경한다. 그의 첫 번째 장점은 기술과 시장을 이해하기 위한 피나는 노력과 해박한 지식이다. 젠슨 황은 기술이든 비즈니스든 그 자리에서 바로 의사결정을 내린다. 이렇게 할 수 있는 건 CEO가 기술과 비즈니스에 대한 해박한 지식과 판단 능력이 있기 때문이다. 두 번째로 CEO의 장점이면서 철학이자 엔비디아에 이식된 문화가 '실수를 두려워하지 말라'는 것이다. 일할 때 실수나 실패를 과감히 인정하는 문화다. 프로젝트나 일을 추진함에 있어 실패는 겪어야 할 과정 중 하나라고 본다. 실패했다고 두려워하지

말고, 실패했다면 무엇 때문에 실패 혹은 실수했는지 원인을 정확하게 분석하고 이를 반영하는 게 중요하다고 본다. 젠슨 황이 1993년 창업 후 지난 30여 년간 지속 유지해왔다. 덕분에 엔비디아 구성원은 자유롭게 도전하고, 실패하더라도 원인을 분석해 더 나은 방향으로 결과물을 내놓는 회사가 됐다. 세 번째로 젠슨 황 성품을 빼놓을 수 없다. 과거 한국 비즈니스 방문차 올 때 젠슨 황 CEO 혼자 올 때가 많았다. 단출하게 다닌다. CEO라고 수행이나 특별대우를 바라지 않는다. 한국에 와서 대부분 시간을 나와 보냈다. 함께 있는 시간 내내 대화를 했다. 한국 비즈니스 상황과 회사 상황, 어려운 점 등을 한국 대표인 나에게 듣고 본사가 도와줘야 할 부분이 무엇인지 되묻고 이를 실제 지원해줬다. 아마 이 부분은 우리나라뿐 아니라 글로벌 엔비디아 지사 모두 같이 경험했을 것이다. 아낌없는 관심과 지원이 세계 곳곳에 엔비디아가 굳건하게 뿌리내리는 역할을 했을 것이라 본다.

Q 젠슨 황 CEO와 기억에 남는 일화가 있다면.

A 개인적으로 존경하는 것은 늘 친구처럼 기탄없이 개인 이야기도 하고 우정(프렌드십)을 나눈다는 점이다. 조금 재밌지만 개인적으로 좋았던 추억은 삼계탕과 얽힌 일들이다. 젠슨 황

이 우리나라 음식 중 삼계탕을 유독 좋아한다. 한국에 오면 낮에 고객사 미팅 마치고 저녁은 꼭 삼계탕에 생맥주를 곁들여 먹었다. 글로벌 기업 CEO와 나누는 대화라기보다 인생 선배와 나눔 직한 얘기들이었고 기억에 많이 남는다. 10년 전쯤 자녀들과 여행차 미국에 들렀다 실리콘밸리 본사에 갔을 때 흔쾌히 만나 한 시간가량 아이들 눈높이에서 대화하고 즐겁게 지낸 기억도 있다. 무엇보다 감탄했던 것은 그의 굉장한 기억력이다. 방한할 때마다 직원들을 만나면 전 직원의 이름을 다 기억하고 이름을 부르며 인사한다. 당시 80여 명 직원이 있었는데 거의 모든 직원 이름을 다 외우고 있었다. 본사 CEO가 자신의 이름을 부르며 인사하는 모습에 직원들도 감탄했다. CEO의 그런 모습에 직원들이 자부심갖고 일하게 됐고 업무를 대하는 태도도 달라졌다. 물론 젠슨 황 CEO의 카리스마는 굉장하다. 일할 때는 아우라가 어마무시하다. 대단한 일 중독자라 하루 최소 16시간 이상 일한다. 일에 대한 자부심, 노력, 카리스마가 대단하다.

Q **엔비디아의 영광이 얼마나 오래 지속되리라 생각하는가.**
A 엔비디아는 AI 개발하는데 필요한 원천 기술 플랫폼을 많

이 갖고 있다. 자율주행부터 휴머노이드 로봇 등 AI 관련 서비스와 제품 개발에 필수인 플랫폼을 다 개발했다. 엔비디아 플랫폼 위에서 서비스를 개발한 후 이를 실제 구동하려면 엔비디아 GPU 서버에서 돌아가는 구조다. 쿠다처럼 AI 관련 분야별 엔비디아가 제공한 플랫폼 위에서 서비스나 기술을 개발하는 순간 엔비디아 GPU로 귀결되는 것이라 AI가 발전할수록 엔비디아 성장은 당연히 따라갈 수밖에 없다. AI가 향후 5~10년간 지속 성장한다면 엔비디아는 AI에 가장 중요한 플랫폼을 제공하는 기술 회사로 동반 성장할 것이다. AI 기술 리더십을 발휘하는 글로벌 톱5 안에 들어가는 기업이 될 것이라 예상한다.

Q 엔비디아가 투자하는 미래 사업들 가운데 가장 성장할 것이라 예상하는 사업이나 기술은 무엇이라 생각하고 얼마나 발전할 것이라 기대하나.

A 우선 데이터센터 시장에 엔비디아의 가까운 미래가 있다고 본다. 현재 빅테크들은 거대언어모델(LLM) 개발에 집중적으로 투자하고 있다. LLM에 중요한 것이 데이터센터다. LLM에 필요한 데이터를 학습하고 추론하는데 GPU는 필수다.

오픈AI를 비롯해 마이크로소프트, 아마존, 테슬라 모두 수백조 원에 이르는 금액을 투자해 LLM을 위한 AI 데이터센터 설립에 집중하고 있다. 2030년까지 중장기 관점을 갖고 데이터센터 설립 계획을 마련했다. 이 말인즉슨 2030년까지 건설되는 AI 데이터센터에 엔비디아 GPU가 계속 들어갈 수 있다는 것이다. 이 때문에 데이터센터용 GPU 시장에서 엔비디아는 당분간 일인자 위치를 유지할 것이다. AMD가 경쟁자로 부상하지만, 단기간에 엔비디아를 따라잡기 어렵고 엔비디아도 기술 격차를 더 벌일 것이다. 두 번째 성장 가능성에 주목하는 시장은 휴머노이드 로봇 시장이다. AI 로봇 시장은 테슬라, 오픈AI 등 글로벌 빅테크가 대대적 투자를 단행하며 뛰어들고 있다. 엔비디아도 이 시장을 준비하며 AI 로봇 플랫폼 '그루트(GR00T)'를 선보였다. 일론 머스크 테슬라 CEO가 그의 말대로 이르면 2025년 말에 AI 로봇 '옵티머스'를 대량 생산해 2만 달러에 판매하기 시작하면, AI 로봇이 무섭게 우리 삶에 침투할 것이다. 3년 후면 열릴 시장이다. 미국은 2027년쯤 AI 로봇이 우리 삶 주변에 확산할 것으로 예상한다. 젠슨 황과 샘 올트먼, 일론 머스크가 AI 로봇에 투자하는 이유는 이 시장이 어마어마하게 성장할 시장이라고 보기 때문이다. 누가 승자가 될지는 지켜봐야겠지만 젠슨 황은 자신들의 플랫폼을 보유한 빅테크를 제외한 나머지 AI 로봇 개발사가 그루트를 선택하는 방향으로 흐르기를 희망한다. 올해 젠슨 황이 주요 행사에서 'AI 로봇 개발 회사'라고 강조한 것도 직접 로봇 하드웨어를 개발하진 않지만 AI 로봇의 두뇌 역할을 하는 플랫폼을 엔비디아가 제공할 수 있기 때문이다. AI 로봇의 가장 중요한 플랫폼은 그루트가 배포·적용될수록, 쿠다가 GPU 시장을 지배했듯 AI 로봇 시장에서도 강자가 될 것이라는 게 엔비디아의 판단으로 보인다.

Q 엔비디아 회사를 한마디로 정의한다면.

A 엔비디아는 하드웨어 플랫폼 바탕의 소프트웨어 회사다. 많은 이들이 엔비디아를 반도체 칩이나 하드웨어 회사로 오인한다. 엔비디아 전체 엔지니어 가운데 70%가 소프트웨어 엔지니어다. 반도체 시스템을 구성하기 위해 소프트웨어가 함께 운영돼야 한다. GPU는 반도체로 보기보단 거대 플랫폼을 바라보는 게 맞다. AI 학습을 위한 플랫폼이다. 이를 구동하는데 수많은 소프트웨어가 들어갔고 그 밑바탕에 쿠다가 자리잡고 있다. 때문에 엔비디아는 하드웨어보다 소프트웨

어 회사에 더 가깝다. 그리고 무엇보다 쿠다를 개발한 것은 젠슨 황의 신의 한 수였다. CEO의 통찰력이 20년 뒤 세계 시총 1위 기업이라는 전무후무한 스토리를 만든 것이다.

2) 장동인 교수 "포스트 엔비디아는 당분간 없을 것"

장동인 KAIST 김재철AI대학원 교수는 오라클, SAS 등 글로벌 빅테크에서 수십 년간 현장 경험을 쌓아온 IT 전문가로 꼽힌다. 'AI로 일하는 기술' '챗GPT시대 기업이 살아남는 법' 등 책을 저술하며 AI 시대를 기업과 개인이 어떻게 살아가야  할지를 고민하고 많은 기업의 AI 전략에 비전을 제시했다. 김재철AI대학원에서 책임교수를 역임하며 국내외 AI 판도를 가장 빠르게 파악하고 교육과 산업 현장에 전달하는 등 업계가 가장 먼저 찾는 AI 전문가로 꼽힌다. 그에게 엔비디아 시대를 어떻게 전망하며, 우리 기업은 무엇에 주목해야 할지 들어봤다. 다음은 장 교수와 일문일답이다.

Q 인공지능이 향후 몇 년간(단기적) 어떤 발전 양상을 보일 것으로 예상하나.

A 일단 논리적인 추론 능력이 대폭 개선된 인간레벨에 근접하게 될 것이다. 보통 AGI (Artificial General Intelligence)라고 말하지만, 이것은 스스로 업그레이드를 할 수 있는 능력이 있어야 한다. 그런 능력은 수년 내에 만들기는 어렵지만, 추론 능력이 발전한 AI를 만들 수는 있다.

멀티모달(이미지, 동영상, 소리, 음악 등)과 텍스트가 밀접하게 연관돼 좀 전문적인 분야로 확장이 될 것이다. 예를 들면, 특정 건물 사진을 보여주면서 이 건물의 용도, 특징, 자재, 건축방식 등을 말로 설명을 해주면 건물에 대한 설계도를 그려주는 AI가 탄생할 것이다.

일반적인 분야의 질의응답을 하는 챗봇에서 벗어나 법률, 회계, 의료, 기계공학, 화학공학, 첨단제조, 건설 등으로 각 방면(domain)에 특화된 박사급 AI가 나올 것이다. 그리고 현재 AI 단점으로 꼽히는 할루시네이션(hallucination, 그럴듯한 말로 거짓 정보를 전달하는 현상)을 대폭 줄일 수 있는 모델이 나오게 될 것이다. 이것은 향후 AI 발전의 중요한 반전 기회가 될 수 있다. 현재 AI가 많이 사용되고 있는 것 같지만 할루시네이션 때문에 사용할 수 없는 분야가 대부분이다. 앞으로 AI 분야가 발전하기 위해서는 할루시네이션-프리(free) AI가 빠르게 나와야 할 것이고 그렇게 될 것이다.

Q   AI 발전으로 가장 영향을 받거나 혹은 수혜를 입을 것으로 예상하는 산업 분야나 기업은 어디일까.

A   AI는 수혜와 피해를 동시에 가져다줄 것이다. 어떻게 보느냐에 따라 다르긴 하지만 가장 많은 영향을 받는 분야는 언어가 대부분 사용되는 산업이다. 예를 들어 법률 분야를 꼽을 수 있다. 사회적으로 인공지능 판사, 검사, 변호사 등의 유효성, 필요성에 대해서는 많은 토론이 되겠지만 법률 분야야말로 언어와 문서가 대부분을 차지하기 때문에 가장 많은 영향을 받을 것이다. 또 다른 분야는 교육이다. 교육의 핵심이 언어로 전달되기 때문이다. AI가 학교, 교과서, 교사, 학생들에게 모두 영향을 주게 될 것이다.

생성형 AI로 인해 이미지, 영상, 음악, 소리 등으로 구성된 산업도 영향을 받는다. 예를 들면, 작사, 작곡, 연주 등의 음악산업, 영화, 미디어, 컨텐츠로 구성된 영상산업, 이미지/영상으로 이루어진 광고산업 등이 근본적인 변화를 맞이하게 될 것이다.

로봇 분야도 생각해 볼 수 있다. 사람과 같은 형태와 크기, 동작을 하는 휴머노이드이드가 빠른 속도로 발전하고 있다. 지금까지 인간이 만들어놓은 세계와 도구는 모두 사람의 키, 모양새, 동작 등에 맞춰 만들어져 있다. 사람이 하는 일을 로봇에게 시키기 위해서 지금까지 만든 가정의 모습, 공장의 모습, 일터의 모습을 바꾸는 것은 불가능하다. 반대로 사람의 모습과 움직임을 가진 휴머노이드 로봇을 만들면, 지금까지 만들어놓은 세계와 도구를 그대로 사용할 수 있기때문에 휴머노이드 로봇이 계속 발전할 것이다.

무엇보다 모든 산업에서 '업의 본질'에 대해서 근본적인 질문을 해야 할 때다. 그리고 AI가 업의 본질을 어떻게 바꿀 것인가를 깊이 생각해봐야 한다.

Q 현재 AI 시장에서 가장 주목받는 기업이 엔비디아다. 포스트 엔비디아가 있을까.

A 아직 없다. 이것이 지금까지 컴퓨터 산업에서는 거의 사례가 없는 일이다. 항상 컴퓨터업계에서는 경쟁자들이 존재했다. 휴대전화도 마찬가지다. 애플과 안드로이드, 애플과 윈도

우, 서버급 컴퓨터, 클라우드 데이터센터, 데이버베이스, 미들웨어 등 모든 분야에는 경쟁이 있었고 그리고 그것은 당연했다.

이런 원칙이 유일하게 깨진 분야가 바로 AI 하드웨어 분야다. 물론 AMD, 구글의 TPU, 메타 MTIA, 마이크로소프트의 Maia 칩, RISC-V에 기반을 둔 AI가속기(텐스토렌토, NPU, LPU, ASIC)등이 있기는 하지만 엔비디아에 비해서는 영향력이 극히 미미하다.

포스트 엔비디아를 이야기하려면 지금쯤 어떤 클라우드 데이터센터에서 잘 돌아가고 있고, 엔비디아 칩보다 훨씬 속도, 전력소비량, 사용성, 프로그래밍지원, 가격 등에서 뛰어난 칩들이 존재해야 한다. 그런데 엔비디아보다 비교우위의 성능을 가진 칩들이 없는 상황이니 수년 내로는 경쟁사가 없을 듯하다. 더구나 엔비디아를 이을만한 포스트 엔비디아 기업은 아직 레이다에 잡히지는 않는다.

Q 기업마다 AI를 앞다퉈 도입한다. 기업이 AI를 도입할 때 어떤 부분에 유의하면 좋을까.

A AI를 기업활동의 어디에 사용하려고 하는지를 깊이 생각해

봐야 한다. 어디에 사용하는지를 제대로 결정하면 이미 80%는 성공한 것이다. 기업의 의사결정을 하는 임원진의 AI에 대한 이해가 중요하다. 대부분 피상적으로 AI를 이해하기 때문에 프로젝트 시작 전부터 많은 기대를 하고 있게 된다. 이것은 프로젝트 성공에 결정적으로 해가 되는 일이다.

전문 인력확보와 내부 직원의 AI 교육이 필요하다. AI는 다른 IT기술과 달리 도입할 것이 없다. 클라우드 컴퓨팅 같은 인프라는 AWS나 MS와 계약을 하면 되고, 빅데이터 분야는 빅데이터 소프트웨어를 구매해서 기업의 데이터를 올려 처리 분석하면 된다. 그런데 AI는 모두 사람이 하는 것이다. 그래서 다른 IT 기술과 달리 임직원의 능력에 대한 의존성이 매우 크다.

내부 직원의 인식도 바꾸어야 한다. AI가 도입될수록 직원들은 AI 때문에 자신의 직업이 위태하다고 생각할 수 있다. AI를 도입하면 자신의 일이 편해진다고 생각할 수도 있다. 따라서 기업의 임원들은 직원들에게 AI 도입이유와 목적을 잘 설명하고 이것을 업무에 잘 활용하면 어떻게 좋아지는지 알리고 공유해야 한다.

Q AI 시대, 개인은 어떤 부분을 대비하거나 경쟁력을 강화하면 좋을까.

A AI 시대에 모든 것을 AI가 대신한다는 생각을 가지면 안 된다. 그러나 챗GPT 같은 LLM을 사용해보면 내가 물어보는 수준에서 답을 한다. 내가 평범한 용어를 사용해서 물어보면 그 수준에서 답을 하고, 전문적인 상세한 분야를 물어보면 그런 레벨로 답을 한다. 따라서, AI 시대에 내가 해야 하는 것은 지금처럼 자신이 좋아하는 분야에 대해서 호기심을 갖고 집중적으로 파야 한다는 것이다. 대신 이전처럼 누가 뭘 이야기했는지 외울 필요는 없다. 다만 질문을 예리하고 깊이 할 줄 알아야 AI를 제대로 사용할 수 있다.

특히 AI 시대에 코딩을 공부할 필요가 없다고 생각하는 이들이 많다. 그건 코딩의 중요성을 아예 모르고 하는 이야기이다. 코딩을 알아야 AI에게 코딩을 시킬 수 있다.

내가 알고 있는 '라이브매치'라는 게임 벤처회사가 있다. 이 회사는 사장과 부사장 두 사람이 전문적인 게임을 만들었다. 물론 AI 도움을 받았다. 수 십 명의 개발자가 하는 것이 보통인데, 단 두 명이 게임을 만들었다. 이런 것은 AI 시대를 앞서가는 것이라 볼 수 있다.

AI, 벤처투자를 이끌다

1) 벤처 투자를 주도하는 AI 기술

AI(인공지능)에 대한 활발한 투자로 올해 2분기 글로벌 벤처투자액은 전분기 대비 25% 증가했다.

2분기 글로벌 VC(벤처캐피털) 투자 금액은 미국발 메가딜에 힘입어 5분기래 최대인 943억 달러를 기록했다. 반면 투자 건수는 전분기 대비 15% 감소한 7691건에 그쳤다.

AI 분야는 다수의 메가딜을 비롯해 마이크로소프트, 엔비디아, 구글 등 테크 자이언트들의 적극적인 투자와 관심으로 여전히 유망 분야로 꼽히고 있으며, 에너지, 클린테크 투자 뿐만 아니라 방위산업과 사이버보안에 대한 관심이 높아지고 있다.

올해 유동성 축소, 주식시장 변동성 확대 등으로 VC 자금 회수에 난항인 가운데 2024년 상반기 글로벌 벤처투자 회수시장은 756억 달러, 1212건으로 위축세가 지속됐다. 아이러니하게 글로벌 벤처투자를 이끈 것은 AI 투자를 위시로한 메가딜이다.

엔비디아의 AI 반도체로 데이터센터를 운영·임대하는 코어위브(CoreWeave)가 86억 달러, 일론 머스크의 AI 스타트업인 xAI는 60억 달러의 투자 유치에 성공했다. 싱가포르 기반 동남아 최대 전자상거래 플랫폼인 라자다(Lazada)는 19.6억 달러를 조달했다.

미주지역은 2024년 2분기 583억 달러 규모로 3472건의 거래를 성사했다. 미국이 6건에 달하는 메가딜로 전체 투자를 견인했고, 미국 외 지역은 과거에 비해 감소했지만 캐나다(7.9억→13억 달러), 브라질(3.5억→8.2억 달러), 멕시코(0.3억→2.6억 달러)는 진분기 대비 반등한 것으로 분석됐다.

유럽은 178억 달러, 1869건으로 전분기 대비 투자 규모가 늘었다. 영국 자율주행 스타트업 웨이브(Wayve)는 10억 달러, 프랑스의 AI 언어모델 개발기업 미스트랄 AI(Mistral AI)은 6.5억 달러의 투자를 유치했다. 영국 공기액화 에너지 저장 기술기업 하이뷰

글로벌 벤처투자 규모 분기별 추이

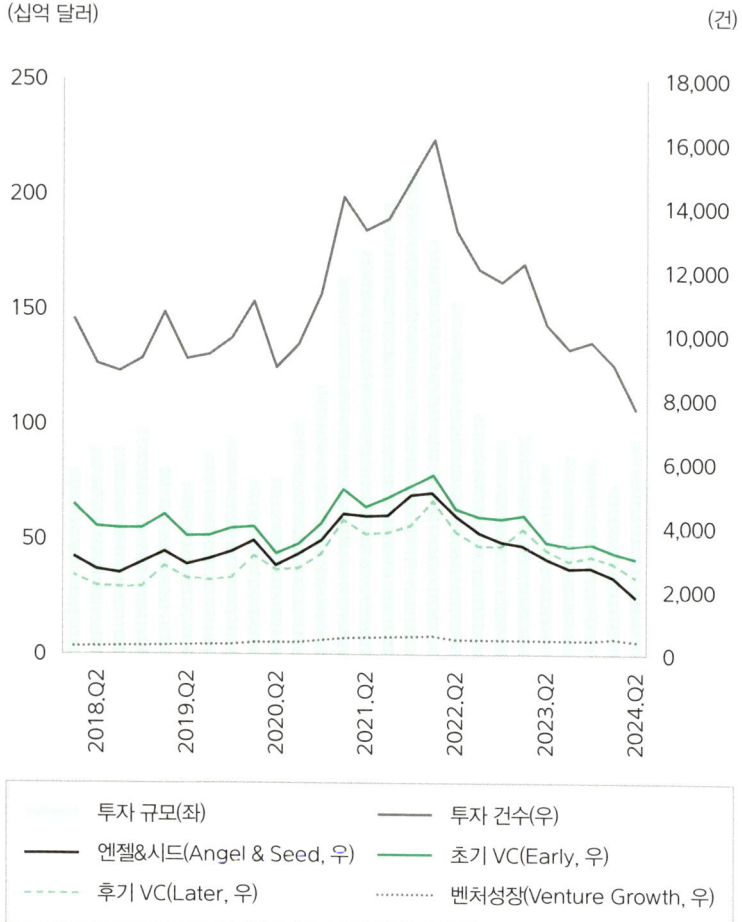

Source: KPMG International "Venture Pulse, Q2 '24" (July 2024)
Note: 2024년 6월 30일까지 거래 기준, PitchBook에서 2024년 7월 17일 데이터 추출

2024년 6월 30일까지 거래 기준, PitchBook에서 2024년 7월 17일 데이터 추출 (출처: KPMG International, Venture Pulse, Q2 '24, July 2024)

파워(Highview Power) 3.8억 달러, 에스토니아 연료전지 선도기업 엘코젠(Elcogen) 1.7억 달러 등 대체에너지와 클린테크에도 자금조달이 이어졌다.

아태지역의 VC 투자는 2024년 2분기 174억 달러, 2,155건의 거래를 성사시켰다. 중국의 VC 투자는 1분기 135억 달러에서 2분기 69억 달러로 급감했으나, 일본은 정부의 스타트업 육성 전략과 기술력을 배경으로 VC 투자 금액이 전분기(8.4억 달러) 대비 증가한 12억 달러 기록했다. 인도는 40억 달러를 유치하며 1분기(29억 달러) 대비 VC 투자액이 38% 가량 늘었다.

블룸버그 전망에 따르면 생성형 AI시장은 2023년 400억달러에서 10년 후엔 1.3조달러로 연평균 42% 급성장을 예고했다. 특히 금융사업에 대한 영향이 커서 2022년 말 챗GPT가 발표된 이후, 업무에 생성형 AI 모델을 활용하는 글로벌 금융사들이 빠르게 늘고 있다. 금융업무 전 과정과 연결되면서 AI 트랜스포메이션이란 신조어까지 등장했다.

특히 프론트오피스에서의 생성형 AI 활용이 가장 활발하다. 이유는 생성형 AI가 자연어 처리와 비정형 데이터 분석, 실시간 질의응답에 강점이 있어서 그만큼 고객접촉이 많은 프론트업무에 유리하기 때문이다. 이젠 생성형 AI로 고객 유형별 맞춤형 서비스는 물론, 고객 개개인의 비서업무까지 제공할 수 있게 됐다는 평가다. 프론트 AI비서의 대표사례는 최초의 AI비서라 할 수 있는 BOA의 에리카(2018년)다. 문자와 음성 대화를 통해 365일 실시간 계좌조회, 카드관리, 개인송금, 거래보고 등의 서비스를 제공한다. 다양한 정보를 융합·분석해주는 생성형 AI 덕분에 하이브리드 로보어드바이저의 인기도 급상승 중이다. 대표주자는 뱅가드 퍼스날 어드바이저. 자산운용은 기본이고, 법률·세금·건강관리 등 자산가들의 관심이 많은 서비스 제공으로 2023년 말 기준 고객자산 3331억달러(450조원, 일임·비일임 포함)로 로보어드바이저로선 최대 규모다.

미들오피스에선 리스크관리와 컴플라이언스업무 활용이 중심이다. 업계에선 특히 복잡한 비정형 데이터를 순식간에 처리하기 때문에 리스크관리를 한 단계 업그레이드 시킬 수 있다고 보고 있다. 사기거래의 탐지 및 방지뿐만 아니라, 미 연준의 금리변동과 같은 금융시장변화에 따른 시나리오분석 등도 이전보다 훨씬 정교해지고 있다는 의견이다. 부정거래 탐지를 위해 자체 생성형 AI모델(Decision Intelligence Pro)을 구축한 마스터카드와 유효거래 승인율을 높이기 위해 AI 머신러닝모델로 활용하고 있는 페이팔이 유명하다. 컴플라이언스에선 인공지능을 활용한 레그테크(RegTech)로 컴플라이언스 절차를 간소화한다든지, AML(자금세탁방지) 관리의 효율성을 높이고 있다. 미국의 씨티은행과 밸리뱅크, 호주의 커먼웰스뱅크 등이 대표적이다. 백오피스의 생성형 AI 활용은 특히 언더라이팅(Underwriting) 업무가 복잡하고 다양한 보험회사에서 활발하다. 의학, 법률 등 전문문서의 분석에 시간을 절감함으로써 신속한 계약서 검토와 보험가입효과를 올리고 있다. 스위스 리(Swiss Re), 제이피모건체이스와 일본의 다이도생명보험이 유명하다.

자체 모델 개발도 개발이지만, AI 금융경쟁력을 조기 확보하기 위한 AI기업 투자도 활발하다. 최근 5년간(2019~2023년) 글로벌 50대 은행의 AI관련 투자건수는 168건에 투자금액 101.3억달러(13.7조원)로 연평균 34건에 20.3억달러(2.7조원)에 달한다. 10년 전의 투자금액 0.5억달러(675억원) 대비 무려 40배 이상 늘었다. 특히 생성형 AI모델로 관심을 모으고 있는 기업으론 모건스탠리가 투자한 미국의 데이터브릭스(Databricks)와 교통은행과 골드만삭스가 투자한 중국의 디스판스(4Paradigm)이 유명하다. 데이터브릭스는 빅데이터 관리와 AI모델 구축, 디스판스는 기업용 AI 솔루션 제공에 각기 특화되어 있다고 한다.

미 연준의 금리인상으로 얼어 붙은 투자시장이지만, AI모델 개발이나 탑재로 벤처캐피털의 주목대상이 되고 있는 핀테크들도 등장하고 있다. 기업용 간편결제 솔루션을 제공하고 있는 미국의 스트라이프(Stripe), B2B 신용분석모델을 제공하는 인도의 퍼피오스(Perfios), 영국의 의사결정 플랫폼기업인 콴텍사(Quantexa), 신용분석 자동화모델 솔루션을 제공하는 이스라엘의 리퀴디티(Liquidity) 등이 대표적이다. 그중 콴텍사와 리퀴디티는 AI장착에 따른 투자로 2023년 유니콘 핀테크에 등극하기도 했다.

2) AI의 발전과 사회적 변화

인공지능(AI)은 단순한 기술을 넘어 사회 전반에 걸쳐 큰 영향을 미치는 핵심 동력으로 자리잡고 있다. AI는 다양한 산업에서 혁신을 주도하며, 특히 금융, 제조, 의료, 교육 등 여러 분야에서 효율성을 극대화하고 있다..

금융 분야에서의 AI 활용 금융 산업은 AI의 혜택을 가장 많이 누리는 분야 중 하나다. AI는 고객 응대 자동화, 자산 관리, 리스크 관리, 신용 평가 등 다양한 업무에 적용되고 있으며, 이를 통해 금융기관들은 비용을 절감하고 효율성을 높이고 있다. 특히 챗봇을 통한 고객 응대는 기존의 콜센터 운영을 대체하며, 금융 소비자들에게 보다 편리한 서비스를 제공한다.

제조업에서의 AI 도입또한 활발하다. 제조 산업에서도 디지털 전환을 이끄는 중요한 도구로 자리잡았다. 제품의 결함을 탐지하고 생산 효율성을 향상시키는 AI 솔루션이 도입되면서, 생산 공정은 더욱 빠르고 정확하게 개선되고 있다. 맥킨지 보고서에 따르면, 2030년까지 AI로 인해 제조 산업에서 약 13조 달러의 경제적 가치가 창출될 것으로 예상된다.

생성형 AI와 창의적 산업의 변화 AI는 콘텐츠 생성 분야에서도 큰 변화를 이끌고 있다. 챗GPT와 같은 생성형 AI는 텍스트 기반의 창작물 작성에 혁신을 일으키고 있으며, 광고, 마케팅, 미디어 등 다양한 분야에서 AI의 역할이 확대되고 있다. 생성형 AI는 산업 혁신의 새로운 장을 열며, 창의적인 작업의 일부를 자동화할 수 있는 가능성을 보여주고 있다.

다만 글로벌 AI 시장에서 한국은 기술력 면에서 빠르게 성장하고 있으나, 여전히 미국, 중국 등 선진국들과의 기술 격차를 좁혀야 하는 과제를 안고 있다. AI 관련 데이터 구축과 컴퓨팅 자원의 제공, 윤리적 문제 해결 등을 위해 정부와 민간의 협력이 중요하며, 이러한 과제가 해결될 때 한국의 AI 기술은 글로벌 무대에서 더욱 강력한 경쟁력을 가질 것이다.

AI와 개인정보 보호 AI 기술의 발전은 정보 보안과 개인정보 보호 측면에서 새로운 도전과제를 제시하고 있다. 특히, 금융업계에서는 민감한 개인정보가 AI 알고리즘에 의해 처리되며, 이로 인해 정보 유출의 위험이 증가하고 있다. 이를 방지하기 위해 제로지식 증명(Zero-Knowledge Proof)과 같은 기술들이 도입되고 있다.

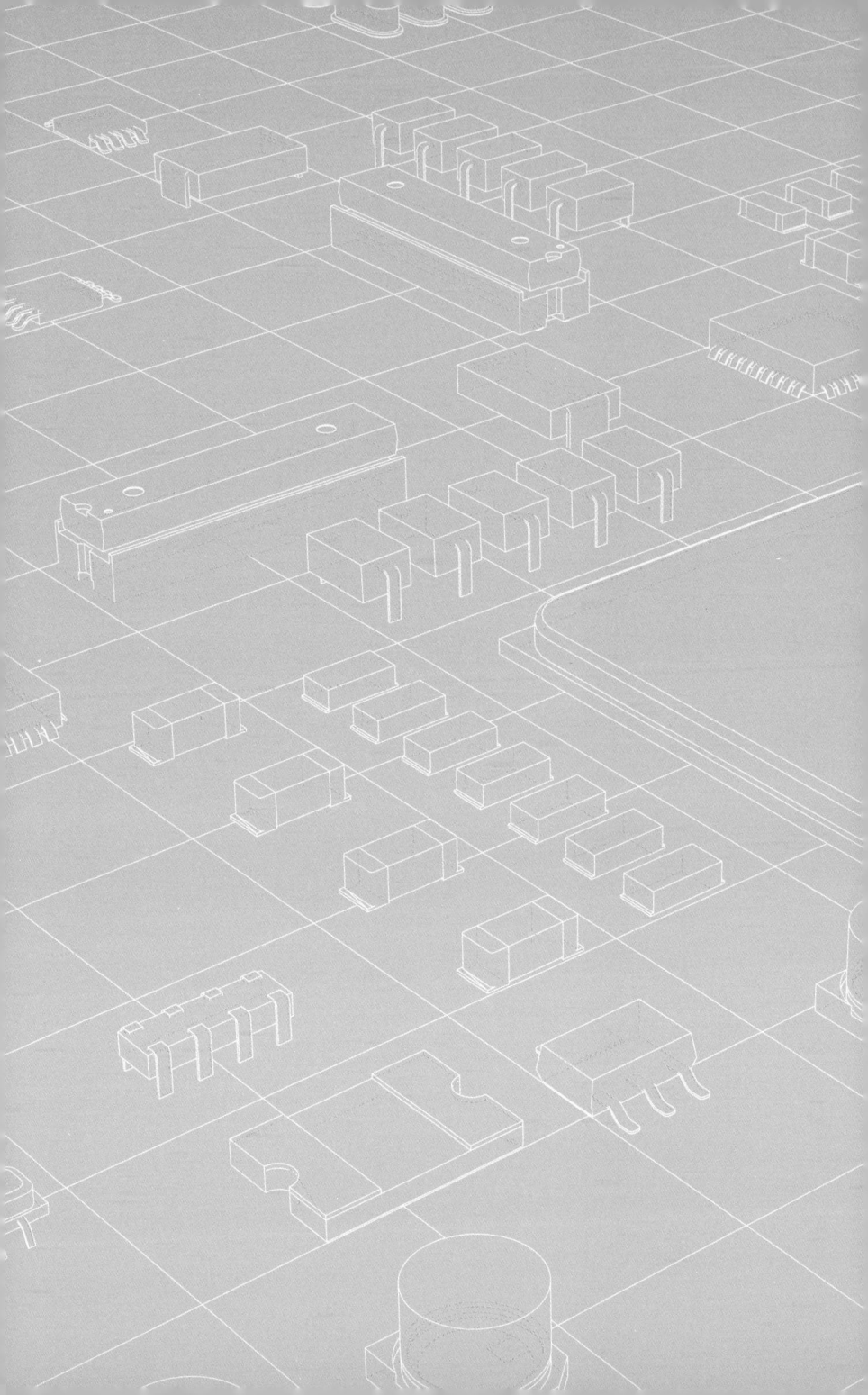

PART 4

젠슨 황, 그는 누구인가

1 ── AI계의 스티브 잡스, 젠슨 황
2 ── 30년 외길, GPU 혁명의 선구자
3 ── 이민자 차별 딛고, AI 황태자가 되기까지
4 ── 젠슨 황 불굴의 도전
5 ── 젠슨 황의 든든한 파트너
6 ── 엔비디아를 이끈 리더십

AI계의 스티브 잡스, 젠슨 황

"여기는 콘서트장이 아니라 개발자들을 위한 행사입니다." 젠슨 황 엔비디아 CEO가 엔비디아 연례행사인 GTC 2024 무대에 오르며 던진 농담이다. 1만여명 관객들은 핀마이크를 끼고 검은 가죽 점퍼를 입고 등장한 한 남자를 향해 박수갈채를 보내며 환호했다. 두 손엔 GPU칩을 들고 2시간짜리 기조 연설 동안 혼자 쉬지 않고 발표를 이끌어가는 황 CEO는 'AI계의 스티브 잡스'라는 별칭을 얻었다. 스티브 잡스가 애플의 혁신적 제품으로 세상을 바꾼 것처럼, 젠슨 황도 AI 기술을 통해 산업 전반에 걸쳐 혁신을 이끌고 있기 때문이다.

GTC 2024 (출처: 엔비디아)

 검은 가죽자켓을 고수하는 그의 스타일은 스티브 잡스의 검은 터틀넥, 마크 주커버그의 회색 티셔츠와 함께 실리콘 밸리 신화로 떠올랐다. 젠슨 황은 2023년 5월 컴퓨텍스 기조연설 당시 32도까지 올라간 날씨에도 가죽자켓을 걸쳤다. 더위를 어떻게 견딜 수 있냐는 질문에 젠슨 황은 "저는 항상 쿨해요(I'm always cool)"라 답했다.

 특히 무대 위에서 혼자 기조 연설을 진행하면서 차세대 칩, 슈퍼 컴퓨터, 소프트웨어, 로봇 및 AI 기술에 관한 통찰을 보여주는 그의 모습에 대중은 매료됐다. 마치 스티브 잡스가 매년 열리는 애플 이벤트에서 아이폰과 같은 혁신적 제품을 발표하던 순간들을 떠오르게 한다. 젠슨 황은 델 테크놀로지(DELL)의 마이클 델도 언급했고 엔비디아와 비즈니스를 하는 시놉시스, 앤시스, 아마존, 마이크로소프트, 구글 및 오라클 등을 언급했지만 그 중 누구도 무대에 함께 세우지 않은 것도 잡스를 연상시킨다는 평가를 받았다.

젠슨 황은 GTC 2024에서 1만 명 관중 앞에서 제너럴 로보틱스 003을 소개하며 허공을 바라보며 "네가 대단한 걸 나도 알아(I know super good)"라며 능청스럽게 소개했다. 그의 연기에 관중은 박장대소했다. 2009년 GTC에서 1000명 관중 앞에 서 있던 젠슨 황의 무대 장악력은 15년새 10배는 널뛰었다. 신제품 블랙웰이 기존 호퍼 시리즈보다 뛰어나다는 점을 설명하던 중에는 "괜찮아, 호퍼. 너는 정말, 정말, 정말 좋았다"라며 기존 제품을 위로하기까지 했다. 그의 패션, 자신감, 신들린 쇼맨십은 그를 AI계 스타로 만들었다.

그는 시간절약을 위해 올블랙 패션을 고수한다고 한다. '3조 달러 룩' 탄생 배경은 얼핏보면 단순해 보이지만 사실 더 깊은 의미가 있다. 흔히 그가 20년 이상 가죽재킷을 입었다고 알려진 것과

GTC 2014 (출처: 엔비디아)

GTC 2016 (출처: 전자신문)

는 달리 공식석상에서 가죽자켓이 등판한 건 2016년부터다. '가죽 점퍼를 입은 남자'. 젠슨 황이 2016년, 미국 소셜미디어(SNS) 레딧이 주최한 '무엇이든 물어보세요(AMA)' 행사에서 자신을 소개한 단어이기도 하다. 2016년 이전까지는 GTC나 CES에서 주로 검정색 반팔 카라 티셔츠와 하얀 바지를 즐겨 입었고, 때때로 검정 블루종을 착용하기도 했다.

 젠슨 황의 가죽 자켓 사랑이 시작된 2016년은 엔비디아가 GPU를 무기로 슈퍼컴퓨터 경쟁에 뛰어든 첫 해기도 하다. 가죽 점퍼를 입은 남자 젠슨 황은 GTC 2016에서 세계 최초 딥 러닝 전용 슈퍼 컴퓨터, 엔비디아 'DGX-1 탄생'을 알렸다. 2016년은 알파고와 이세돌의 세기의 대결이 전 세계적으로 주목받던 시기이자, 그해 정부와 기업들이 인공지능 기술 개발에 더욱 치열하게 뛰어든 해이기도 하다. 가죽자켓 고집은 곧 엔비디아 도약 의지를 드러낸다고 할 수 있다.

  뉴욕타임스는 지난해 6월 젠슨 황의 패션을 분석한 기사에서 "요점은 젠슨 황이 항상 똑같아 보인다는 것"이라며 "세상을 바꾸는 성공 기업의 간판 이미지일지도 모른다. 대중의 상상력을 자극하기에 충분하다"고 평가했다. 실리콘 밸리의 이미지 컨설턴트인 조셉 로젠펠트는 "가죽 재킷은 젠슨 황이 창의적인 유형이며 원하는 것은 무엇이든 입을 수 있는 높은 지위의 사람으로 연결한다"고 말했다. 한 옷만 고집하는 그의 스타일은 성공적 CEO 이미지와 더불어 고유한 그의 이미지를 만들어 냈다.

2021년 타임지 선정 가장 영향력 있는 100인 표지 (출처: 엔비디아)

그가 2024년 3월 마크 저커버그 메타 CEO와 찍은 사진은 온라인상에서 큰 화제로 떠올랐다. 젠슨 황은 황토색 무스탕 재킷을, 저커버그는 검정 가죽 재킷을 입고 나란히 카메라 앞에 섰다. AI 업계 거물이 서로 옷을 입은 것을 두고, 양사 AI 동맹이 성사된 것이 아니냐는 관측도 나왔다. 2021년 '가장 영향력 있는 100인'으로 선정돼 미국 타임지 표지에 등장했을 때도 젠슨 황은 회색빛 머리칼에 살짝 광택이 비치는 가죽 자켓을 갖춰 입었다. 이쯤되면 가죽자켓은 젠슨 황 그 자체이자, 엔비디아 성공에 대한 의지를 표현하는 상징 중 하나라 해도 지나치지 않다.

엔비디아 100달러 도달 기념 문신한 젠슨 황 (출처: 엔비디아 페이스북)

엔비디아 도약 의지를 상징하는 다른 하나는 가죽 자켓 안 그의 왼쪽 어깨 밑에 새겨진 엔비디아 로고다. 이 문신은 엔비디아 주가가 처음으로 100달러를 돌파했을 때 이를 기념하기 위해 새긴 것으로 알려져 있다. 한 회의에서 주가 100달러에 도달하면 어떻게 할지 논의하는 자리에서 한 사람은 머리를 깎거나, 누군가는 머리를 파란색으로 칠하거나 하는 다양한 의견이 나왔다. 어느새 문신 공약으로 결론이 모아졌고 그때 젠슨 황은 "좋아요, 문신을 할게요."라고 말했다. 50세가 넘은 포춘 500대 기업 CEO 중 문신을 새긴 경우는 거의 없다. 운영하는 회사 로고를 새긴 경우는 더욱 없다. 이후 문신을 더 그렸단 소식은 아직 들리진 않는다. 다만 2024년 5월 엔비디아 주가가 1000달러를 돌파했으니 그의 오른쪽 어깨밑 엔비디아 로고가 새겨져 있을지는 또 모르는 일이다.

그의 대만 방문은 AI계 아이돌 인기를 입증했다. 대만계 미국인인 그가 2024년 7월 대만을 방문하자 대만 국민들은 이전에 볼 수 없던 찬사를 보냈다. 그의 대만 방문은 '젠새니티' 열풍을 실감케 했다. 젠새니티는 2012년 대만계 미국인 농구 선수 재러미 린이 일으킨 '린새니티' 돌풍이 대만에서 재현됐다고 붙여진 이름이다. 이름 뒤에 붙인 새니티는 광기(insanity)라는 뜻으로 대만 뉴욕의 대승리를 이끈 제레미 린의 비상한 실력을 젠슨 황의 독보적인 AI 장악력을 같게 본 것이다.

젠슨 황이 아내와 대만에 도착하자 현장에 있던 사람들은 "AI의 대부가 왔다"며 환호성을 질렀다. 휴대전화로 그의 사진을 찍기 바빴다. 그가 2주간 대만에서 일으킨 신드롬으로 사회관계망서비스(SNS)와 거리는 그의 이름으로 도배됐다. 그가 무엇을 먹는지, 어디를 가는지는 SNS상에서 화제가 됐다. 그가 먹은 대만 야시장 음식이 공유됐다. 황의 사인을 받으려는 인파가 구름 떼처럼 몰려 들기도 했다. 폭우 속에도 젠슨 황을 보기 위해 수천여 명이 대만국립대를 찾았다.

특히 대만 국민들의 관심을 한 몸에 받을 수 있었던 것은 대만을 향한 그의 가감없는 애정 때문이다. 대만을 방문한 젠슨 황은 한 연설에서 대만을 컴퓨터 산업의 숨겨진 영웅이라 치켜 세웠다. 대만 국민들은 젠슨 황을 '국가적 성공과 역량'의 상징으로 여겼다. 그는 공식 석상에서도 대만과 중국은 분리된 나라임을 분명하게 말했다. 젠슨 황은 한 기조연설에서 세계 지도에서 대만과 중국을 다른 색으로 표시하기도 했다. 공식석상에서도 그는 대만을 '국가'로 보는 생각을 굽히지 않았다. '하나의 중국'을 주장하는 중국은 대만을 국가로 지칭하는 것을 금기시 하는데도 말이다.

젠슨 황이 스티브 잡스와 같은 인기를 끌 수 있었던 건 '집착'과 '카리스마' 덕분이다. 젠슨 황은 스티브 잡스와 마찬가지로 제품의 성능과 사용자 경험에 집착한다. 잡스가 아이폰과 아이패드로 기술의 접근성을 높였듯, 황은 GPU의 성능을 극대화하여 AI 연구와 데이터 처리에서 획기적인 발전을 이끌었다. AI계의 대부로 공로를 인정받아 2024년 4월, 젠슨 황은 미국 공학한림원(NAE) 회원으로 선정됐다. 1964년에 설립된 NAE는 업계에 기여한 공로를 인정받은 사람들만 입회할 수 있다. 사티아 나델라 마이크로소프트 CEO는 "고급 3D 그래픽의 광범위한 채택에서 오늘날의 GPU에 이르기까지 컴퓨팅을 영원히 변화시켰으며, 더 중요한 것은 게임과 생산성에서 디지털 생물학 및 의료에 이르기까지 모든 분야에 걸쳐 근본적인 혁신을 주도했다"며 찬사를 아끼지 않았다. 2021년 젠슨 황은 반도체 산업 협회의 최고 영예인 로버트 N. 노이스 상도 거머쥐었다.

젠슨 황과 스티브 잡스가 공유하는 또 다른 중요한 공통점은 그들이 기술 혁신에 있어 독보적인 비전과 카리스마를 가지고 있다는 점이다. 두 사람 모두 자신들이 속한 산업의 판도를 바꾸며, 단순한 기술 제품을 넘어 전 세계에 영향을 미치는 혁신을 일으켰다. 잡스는 개인용 컴퓨터, 스마트폰, 태블릿 등 소비자 중심의 기술 제품을 통해 혁신을 주도했고, 젠슨 황은 GPU를 통해 AI, 데이터 처리, 자율주행, 슈퍼컴퓨터 등의 기술 발전을 이끌었다. 2024년 9월 젠슨 황은 타임지가 선정한 '2024년 AI 분야에서 가장 영향력 있는 100'인에 꼽히기도 했다. 작년에 이어 연속으로 AI 관련 분야 최고의 리더에 이름을 올리며 순다르 피차이 구글 대표, 사티아 나델라 마이크로소프트 대표 등 거물급 인사들과 어깨를 나란히 했다.

애플과 다른 점에 주목하자면, 엔비디아는 채팅 애플리케이션(앱)이나 소셜 네트워크 서비스 또는 일반 스마트폰 소비자에게 어필하는 기술을 만들지 않는다. 스티브 잡스가 인기를 끌 수 있었던 이유도 아이폰, 아이패드 등 친숙한 제품을 통해 대중에 다가간 영향이 컸다. 주로 기업 대상으로 AI 기술을 다루는 젠슨 황이 일반 대중에 스타급 관심을 받게 된 것은 매우 놀라운 일임에 틀림없다. IT계의 테일러 스위프트, AI 황태자, AI계의 스티브 잡스, AI 황태자, 다소 친근해 보이는 황사장까지. 이렇게 많은 별명을 소유한 CEO가 또 있을까.

30년 외길, GPU 혁명의 선구자

　어릴 때부터 수학에 두각을 보였던 젠슨 황은 16세의 나이에 포틀랜드 알로하(Aloha) 고등학교를 2년 일찍 졸업하고 오리건 주립대에 입학해 1984년 전기공학 학사, 1992년 스탠퍼드대에서 전기공학 석사 학위를 땄다. 오리건 대학을 졸업한 1984년, 첫 직장 AMD에 들어간다. 그가 처음 실리콘 밸리에 발을 들여놓은 순간이자 그를 세계 13위 갑부로 만들어준 반도체와의 운명을 시작한 순간이다.

　실리콘 밸리 대표적 반도체 설계기업인 AMD에서 젠슨 황은 마이크로프로세서를 설계하는 작업을 맡았다. 마이크로프로세서는 문자 그대로 작은 처리 장치라는 뜻이다. 1개의 작은 칩 안에 컴퓨터 그래픽처리(CPU) 기능이 집약돼 있다. 바로 우리가 알고 있는 CPU의 전신이다. 젠슨 황은 AMD에서 1년 남짓 일하다 이후 LSI로직으로 이직한다. 당시 LSI로직은 저장 용량과 네트워크 속도를 개선하는데 사용하는 제품을 생산하는 반도체 제조업체였다. 도합 10년 가까이 반도체 업계에 몸 담그며 젠슨 황은 엔지니어링, 마케팅, 관리 업무까지 섭렵했다.

1) GPU를 만나다

1993년, 서른 살의 나이에 엔비디아 창업을 하기 전 젠슨 황이 AMD와 LSI로직에서 일한 경험은 그가 그래픽처리장치(GPU)라는 반도체 시장 기회를 포착하고 인맥을 쌓는 기반이 됐다. 젠슨 황과 엔비디아 공동 창업자인 크리스 말라조스키, 커티스 프리엠도 실리콘 밸리에서 회사를 다니는 반도체 개발자로 자연스럽게 만났다.

1959년생으로 플로리다 대학교를 졸업한 크리스 말라초스키는 휴렛팩커드(HP)를 거쳐 당시 썬 마이크로시스템즈에서 일하던 엔지니어였다. 동갑내기인 커티스 프리엠도 IBM에서 일하다 썬 마이크로시스템즈로 이직해 그래픽 프로세서를 디자인하고 있었다. 당시 LSI로직은 썬 마이크로시스템즈가 필요로 하는 반도체를 납품하고 있었다. 거래처 사이에서 인생 절반을 함께 보낸 동업자 사이가 된 것이다. 마지막 장에서 다루겠지만 젠슨 황이 창업 이후 투자자를 찾으러 다닐 때 미국 전설적인 벤처캐피털인 세쿼이아를 소개한 이도 젠슨 황이 근무했던 LSI로직의 대표였다.

세 사람은 소프트웨어도, 게임 시장도, 어떤 제품이 잘 팔릴지도 몰랐지만 '그래픽 수요가 점점 더 커질 것이다'라는 생각에는 동의한다. 2018년 포춘 브레인스톰 테크 콘퍼런스에서 젠슨 황은 GPU가 지금보다 더 폭넓게 사용할 수 있다고 항상 믿었다고 말했다. 그때 믿음으로 장장 30년을 버텼다. 그렇게 충분한 확신이 없었다면 그들이 실리콘 밸리 회사를 무작정 뛰쳐나와 회사를 차릴 수 없었을 것이다.

은행에 4만달러가 전부였던 세 사람이 의기투합해 엔비디아가 첫 발을 내딘 1993년은 '그래픽 붐' 시기였다. 마이크로소프트가 '윈도우 3.1'을 제공하고 인텔이 펜티엄 CPU를 발매하고 있었다. 현재 엔비디아 최대 경쟁사라 꼽히는 화웨이는 인민해방군에 네트워크 장비를 납품했던 바로 시기였다. 마우스를 가지고 메뉴, 버튼 창을 클릭하는 GUI가 보편화하고 비디오 게임이 인기를 끌면서 그래픽 수요는 기하급수적으로 늘어났다.

특히 '둠'이라는 게임 등장은 그래픽 수요를 폭발적으로 늘렸다. 1993년 둠 발매 당시 제작사 이드소프트웨어가 무료 체험판을 배포했는데 서버가 마비될 정도로 사람들이 몰려들었다. 게임으로 인해 서버가 먹통이 된 사례는 역사상 처음이었다고 한다. 그래픽 붐이 일어난 1993년 '3조 달러 기업'은 그렇게 탄생했다. 당시 말라초스키와 프리엠은 리더십과 명석함에서 뛰어난 젠슨 황이 CEO를 맡는 게 당연하다고 생각했다고 한다.

엔비디아 공동 창업자 3명 (출처: 엔비디아)

2) NVIDIA 공동 창립: 엔비디아의 청사진

   3조 달러 가치가 있는 기업은 전 세계적으로 세 곳에 불과하다. 그 중 일부는 차고에서 시작하거나 한 패밀리 레스토랑에서 시작한다. 엔비디아는 산호세 한 모퉁이에 위치한 '데니스'라는 식당에서 탄생했다. 어느 추수 감사절 기간, 붉은 가죽 쇼파, 노란색 불빛, 창문에 총알 구멍이 있는 초라한 식당에서 엔지니어 세 명이 만났다. 한 인터뷰에서 프리엠은 실리콘 밸리의 다른 두 기업인 LSI로직과 썬 마이크로시스템즈 엔지니어가 만난 이 식당을 '중립 지역'이라고 표현했다. 말라초스키는 식당 창문에 총알 자국이 박힌 것을 보고 이곳이 몇 시간이고 만나 얘기를 하기에 안전한 장소가 아니였다고 회상했다.

   24시간 문을 여는 이 식당에서 이들은 커피를 10번이나 리필하며 3D 그래픽을 구현해줄 칩 사업을 꿈꿨다. 여담이긴 하지만 2023년 9월 엔비디아가 시총 1조 달러를 돌파하자 데니스는 이곳을 '1조 달러 기업을 만들어낸 자리'로 헌정했다. 이 자리는 불과 1년 만에 '3조 달러 자리'로 격상했다.

   엔지니어 세 명은 각각 역할을 분배했다. 말라초스키는 하드웨어 설계, 프리엠은 소프트웨어 아키텍처, 젠슨 황은 사업 총괄을 맡았다. 그들은 데니스에서 그래픽 처리 장치 시장을 조사하고, 더욱 사실적인 3D 그래픽을 구현하기 위한 슈퍼칩을 구상했다. 그때 젠슨 황은 1년에 5000만 달러 매출을 내지 않는 한 사업에 뛰어들지 않겠다고 다짐했다고 한다. 당시 그는 알았을까. 자신이 정한 하한선 보다 1218배의 매출을 얻게 될 줄을 말이다. 2023년 기준 엔비디아 1년 매출은 609억 2200만 달러로 젠슨 황이 정한 하한선보다 12만 1744% 높은 수준이다.

엔비디아 로고 (출처: 엔비디아 블로그)

엔비디아는 그 이름 뜻 그대로 성장한, 얼마 안 되는 기업이라 할 수 있다. 엔비디아에는 '질투'라는 뜻이 깔려있다. 엔비디아

(Nvidia)는 다음 버전(Next Version)'을 줄인 NV와 라틴어 '인비디아'(invidia)'를 합쳐 만들었다. 인비디아는 그리스 신화에 나오는 '질투의 여신' 이름이기도 하다. '모든 사람이 질투할 만한 멋진 회사를 만들자' 라는 3인방의 포부가 담겨있다. 엔비디아 로고에서 번뜩이는 녹색 눈이 질투를 나타내는 것도 같은 맥락이다.

미국 시가총액 1위. 부러움을 사는 멋진 회사가 탄생할 수 있었던 건 엔비디아가 창업 초기에 내린 '한 결정'이 크게 작용했다. 그들이 막 창업을 했을 무렵, 2D 그래픽 카드 시장에는 이미 많은 기업들이 포진해 있었다. 브로드컴, 자일링스, 퀄컴, 알테라 같은 수 많은 반도체 설계 회사들이 터줏대감으로 자리잡고 있었다. 엔비디아는 선택해야 했다. 2D 그래픽 카드 시장에 추격자가 될지, 3D 그래픽 카드 시장의 선두주자 될지 고민 속에 그들은 후자를 선택했다. 잠깐 언급했지만 당시 3D 수요가 있는 곳은 오직 게임 시장 뿐이었다. 그 당시만해도 게임은 10대 청소년들의 단순한 오락으로 치부됐다. 게임 뒤에 시장을 붙여 부르기에도 민망한 상황이었다. 세 사람도 게임 시장에 대해 잘 모르기는 마찬가지 였지만 결국 그들은 레드오션보다 블루오션을 택했다.

그렇게 창업한 지 6년 만에 엔비디아는 대박을 터뜨린다. 바로

1999년 세 번째 그리픽 지포스 시리즈다. 첫 번째 그래픽은 '폭망' 수준, 두 번째 그래픽 카드는 나름 선전했지만 세 번째 그래픽인 지포스 시리즈 만큼은 아니었다. 1999년 그들은 지금의 엔비디아를 있게 한 GPU, 지포스 256을 출시한다. 이 모델은 전 세계 최초의 그래픽처리장치(GPU)로 꼽힌다. 이전에는 '그래픽카드'나 '그래픽칩'으로 불렸다. 지포스 256은 당시 경쟁사 GPU들보다 성능이 5배 가량 뛰어났다고 한다. 게임 플레이어 입장에서 생각해보면, 엔비디아 GPU 성능은 경쟁사보다 캐릭터의 움직임, 광원의 위치, 픽셀의 밝기 등 더 좋은 화질을 빠르게 구현할 수 있었다.

그동안 PC에서 이런 연산은 중앙처리장치(CPU)가 수행하고 그래픽카드는 보조하는 수준이었다. 하지만 지포스 256은 이런 연산을 직접 수행한다는 점에서 획기적인 제품이었다. CPU는 코어에서 복잡한 연산을 하나씩 수행하지만, GPU는 코어가 많아 그래픽 처리에 필요한 간단한 연산(행렬 곱)을 동시에 빠르게 수행할 수 있다. 그렇게 탄생한 지포스는 단숨에 전 세계를 평정했다. 현재 전세계 모든 PC 중 98%가 엔비디아 GPU를 쓸 정도다. 엔비디아 설립 20주년인 2013년 70%에서도 점유율이 월등히 늘어났다. 1999년 말까지 엔비디아는 100만 대 이상의 지포스를 판매했다.

엔비디아 GPU가 다른 그래픽카드와 차별점은 최적화 기능이다. 대표적으로 프로그래밍 도구인 '셰이더(Shader)'다. 조명, 입체감, 그림자 등을 개발자들이 직접 다룰 수 있는 프로그래밍 기능을 지포스3에 넣은 것이다. 엔지니어가 명령어를 넣는 일상 작업뿐만 아니라, 팔레트에 그림을 그리는 것처럼 창의성을 발휘해 화면을 구현할 수 있게 했다. 다만 이 때까지도 게임용 장치를 만들던 젠슨 황은 'AI 물결'이 들이닥칠지 전혀 예상하지 못했다.

젠슨 황은 2000년대 초중반 매사추세츠병원 의사들이 CT 재구성에 GPU를 활용한다는 것을 우연히 깨닫게 된다. 젠슨 황은 그때 양자화학 등 전혀 다른 분야에서도 GPU를 병렬로 연결해 슈퍼컴퓨터처럼 사용하고 있다는 사실을 알게 됐다. 게임 시장을 넘어 의료, 화학 등 다양한 분야에서 확장할 수 있다는 가능성을 본 순간이다.

고성능 컴퓨터의 가능성을 본 이후 2006년에 젠슨 황 CEO와 엔비디아는 기존의 게임용 GPU 구조를 병렬 연산 작업을 최적화하는 방식으로 바꿨다. 엔비디아 칩으로 슈퍼컴퓨팅을 할 수 있도록 도와주는 소프트웨어 '쿠다'가 2007년에 탄생한 배경이기도 하다. 게임용 GPU 회사가 고성능 슈퍼컴퓨터 변신했다. 우연히 깨닫게 된 가능성을 지나치지 않은 젠슨 황은 엔비디아는 이후 개발한 프로그래밍 플랫폼 '쿠다(CUDA)'에서 전략을 극대화한다.

2009년 비트코인 탄생은 GPU의 수요를 대폭 늘렸다. 암호화폐 커뮤니티에서 비트코인 채굴에 CPU보다 GPU가 효율적이란 인증 글들이 게재되면서다. 여기에 2010년대 초반 신경망과 기계학습(머신러닝) 알고리즘을 기반으로 AI물결이 들이닥쳤다. 2012년 딥러닝의 대부 제프리 힌턴 교수와 그의 제자이자 오픈AI 수석과학자였던 일리야 수츠키버가 엔비디아 칩을 이용해 딥러닝의 가능성을 세상에 내보였다. 2015년엔 오픈AI가 등장했다. 젠슨 황은 물이 들어올 때 거센 노를 저었다. '기회를 잡기 위해 걷지 말고 뛰어라' 라는 젠슨 황의 유명한 말처럼 늘 가능성이 보이면 제때 포착해 바로 실행으로 옮겼다. 2023년 챗GPT 바람까지 타고 엔비디아는 시총 3조 달러 기업으로 우뚝 올라섰다.

GPU가 인공지능(AI)을 학습시키고 운용하는데 가장 적합한 반도체라는 점이 알려지면서 엔비디아는 새로운 전성기를 맞았다. 구글, MS, 메타, 아마존 등 빅테크들이 수조 원대 AI 개발에 나서며 엔비디아의 AI 칩을 사들였다. 엔비디아는 GPU 기술을 기반으로 AI 반도체 H100, A100을 출시해 품귀 현상을 빚었다. 4만 개 이상 기업이 AI 및 가속 컴퓨팅을 위해 엔비디아 GPU를 사용하고 있는 것은 놀랄 일도 아니다. 엔비디아는 AI 전쟁 속에서 유일한 무기 거래상이라는 말까지 나올 정도다.

엔비디아가 AI 정상에 우뚝 설 수 있었던 것은 젠슨 황의 새로운 제품 개발에 대한 집착 덕분이다. 2024년 6월 젠슨 황은 IT 전시회 '컴퓨텍스 2024'에서 엔비디아 AI 가속기를 매년 업그레이드할 계획이라고 발표했다. 2025년에는 블랙웰 울트라 칩을, 2026년에는 차세대 플랫폼인 루빈을 내놓을 것이라고 밝혔다. AI 모델의 복잡성은 매년 무려 10배씩 증가하고 있다고 한다. 창업 당시 추격자가 아닌 선구자가 되기로 했던 다짐처럼 엔비디아는 매섭게 폭주하며 선두주자 자리를 지키고 있다.

이민자 차별 딛고,
AI 황태자가 되기까지

세계적인 IT 기업인 구글, 마이크로소프트, IBM, AMD, 그리고 엔비디아 CEO의 공통점이 있다. 바로 모두 이민자 출신이라는 점이다. 이들은 각자의 문화적 배경과 독특한 경험을 바탕으로 세계적인 IT 기업을 이끌며, 다양한 문화와 기술직 혁신을 포용하는 리더십을 발휘하고 있다. 그 중 젠슨 황은 대만에서 태어나 어린 시절 미국으로 이주한 이민자 출신으로, 엔비디아를 세계적인 AI 및 GPU 기술의 선두주자로 성장시켰다. 그는 이민자로서 겪었던 차별과 어려움을 극복하며, 끊임없는 도전과 혁신을 통해 엔비디아의 성공을 이끌었다.

1963년 대만 남부 도시 타이난에서 출생한 그는 5살에 태국으로 건너간다. 4년 넘짓 거주하다 태국이 정치적 혼란에 빠지자 그의 부모는 당시 아홉살이던 젠슨 황과 한 살 터울 형을 삼촌이 있는 미국 워싱턴주 타코마로 보낸다. 그가 부모와 생이별하고 미국에 갔던 것은 아버지의 다짐 때문이었다. 그의 아버지는 젠슨 황이 태어나기 3년 전 미국 땅을 먼저 밟고 자녀들을 미국에서 키워야겠다고 다짐했다.

하지만 미국 생활도 녹록지 않았다. 10살도 채 되지 않던 그에게 미국에서 기억은 온갖 인종차별과 폭행으로 가득했다. 미국 워싱턴주 타코마에서 삼촌과 함께 살던 젠슨 황은 켄터키주 오네이다 시골로 한 기숙학교에 가게 된다. 켄터키 주에 있는 학교는 당시 범죄를 저지를 10대들이 가는 학교였다.

기숙 학교인 오네이다를 가려면 많은 언덕과 석탄을 채굴하던 산을 넘어야 했다. 당시 신호등은 하나 뿐이었다. 주유소 하나, 식료품점이 하나, 우체국이 하나 있을 만큼 깊은 산골에 있는 조그마한 기숙학교 였다. 젠슨 황은 300명이 모인 기숙 학교에서 모든 아이들이 담배를 피웠다고 회상했다. 형은 담배농장에서 일을 했다. 젠슨 황의 아버지가 부모가 바란 만큼 좋은 교육 환경은 아니였다.

기숙 학교에 입학한 젠슨 황은 수 많은 차별과 괴롭힘도 견뎌내야 했다. 단지 아시아인이라는 이유로 3년 넘게 화장실 변기 닦는 일을 전담했다. 그는 매일 학교 남자 화장실 변기를 닦았다. 젠슨 황 CEO는 올해 스탠퍼드대 경영대학원생 들을 대상으로 한 강연에서 "설거지와 화장실 청소를 많이 했다. 여기에 있는 여러분들 모두를 합한 것보다 화장실 청소를 많이 했을 것"이라 말하기도 했다.

그는 더뉴요커 인터뷰에서 켄터키주 학창 시절 인종차별적 발언을 듣는 등 괴롭힘을 당했다면서 "완전히 강해지고 전진해야만 했을 뿐"이라고 돌아봤다. 하지만 그는 이 시간들을 자신의 성장 자양분으로 삼았다. 한 인터뷰에서 "힘든 시간이었지만 정말 열심히 일하고 공부했고, 그곳에서 보낸 시간을 정말 사랑했다"고 소회를 밝히기도 했다. 실제 그는 2019년에 이 학교 건축비로 200만 달러(약 26억 원)를 기부했다.

기대에 미치지 못했던 교육환경, 차별과 따돌림 속에서 젠슨 황은 늘 의욕적으로 학업에 매진 했다. 젠슨 황은 10대 시절 자신이 매우 우수한 학생이었고 항상 집중을 놓지 않는 학생이었다고 평가했다. 그는 참을 줄 알았고 열심히 일했다. 읽기와 수학을 가르쳐주며 친구를 만들었다. 열다섯 살 때 아르바이트를 시작했고 접시 닦이에서 웨이터 보조, 웨이터로 진급하며 성실하게 일했다. 이어질 장에서도 언급하겠지만 젠슨 황은 자신의 리더십의 방향과, 소통 능력도 아르바이트 경험을 통해 얻을 수 있었다고 말했다. 그는 "레스토랑 업계에서 첫 직장을 얻길 강력하게 권한다"며 "이 일을 통해 겸손과 근면함을 배울 수 있었다"라고도 했다.

자투리 시간엔 동네 클럽에서 탁구를 즐겼다고 한다. 실력도 수준급이었다. 전미 대회 복식 부문에서 3위에도 올랐다. 그는 자신만의 방식으로 차별과 서러움을 견뎌냈다.

그런 젠슨 황에게 게임은 가장 큰 위로이자, 스승이었다. 젠슨 황은 2010년 6월 뉴욕타임스와 인터뷰에서 컴퓨터 게임은 자신의 성장 방식의 일부였다고 소개했다. 게임은 당시 고등학생이던 젠슨 황에게 실수에 대해서 스스로 꾸짖지 않으면서 포기하지 않는 법을 알려줬다. 게임을 통해 젠슨 황은 무언가 잘 안 되면, 돌아가서 다시 시도하는 태도를 배웠다. 게임은 늘 지기 쉽고, 결과에 대한 피드백이 온다. 그러다가 또 이기는 순간이 온다. 게임은 그런 점에서 젠슨 황에게 늘 시도 하면 된다는 가르침을 줬다.

젠슨 황은 게임에서 가장 재밌는 부분을 지고 있을 때로 꼽았다. 마침내 이겼을 때는 행복감이 있지만 그 마저도 잠시 후면 끝난다. 지고 있을 때는 기회를 잡을 수 있는 능력이 있고, 그로 인해 혁신하고 새로운 것을 시도할 수 있는 능력이 생긴다. 젠슨 황은 게임을 통해 수 많은 실패속에도 좌절하지 않는 법도 배웠다.

그리고 그 뚝심은 일본의 한 정원사와의 우연한 만남으로 더 깊어진다. 그는 자녀들이 10대였던 어느 여름, 가족과 함께 일본 교토의 한 신사를 방문했다. 당시 그는 덥고 습한 날씨 속에서도 대나무 집게로 정원 나뭇잎을 하나하나 세심하게 정리하는 정원사를 보았다. 젠슨 황이 그 정원사에게 다가가 무엇을 하고 있느냐고 물었다. 당시 정원사는 죽은 이끼를 따고 있었다고 답했다. 젠슨 황이 정원이 너무 넓지 않냐고 되물었다. 정원사는 25년 간 정원을 가꿨고 앞으로도 시간은 충분하다고 답했다고 한다.

젠슨 황은 이 순간을 인생에서 가장 심오한 깨달음을 얻은 순간이라 회상한다. 정원사가 자신의 기술에 전념해 평생을 바쳐 일한 것처럼 포기하지 않으면 시간은 충분하다는 것을 깨달았다. 한 졸업식 연설에서 황은 졸업생들에게 "여러분이 평생을 바쳐 완성하고 싶은 기술을 찾기 바란다"며 "많은 일이 일어나고 있고 해야 할 일이 많지만, 삶의 우선순위를 정하면 시간은 충분할 것"이라고 당부했다. 이민자의 차별을 딛고 AI황태자로 정상에 서기까지 실패한 순간도 많았지만, 그는 언제나 포기하지 않기로 선택했다. 그리고 그런 선택이 30일 만에 망할거란 회사를 30년 후에 시총 1위 기업으로 만들었다.

젠슨 황과 그의 부모 황싱타이와 뤄차이슈 (출처: 엔비디아)

미국으로 건너가 지금의 젠슨 황이 있기까지 그의 부모님은 든든한 스승이자 지원군이었다. 젠슨 황은 미국 CNBC 인터뷰에서 "나는 부모님의 꿈과 야망의 산물이다"라고 말하기도 했다. 젠슨 황의 부친인 황싱타이(黃興泰)는 대만 명문대인 국립성공대학 화학공학과 출신이다. 황싱타이는 미국의 에어컨 제조사인 캐리어(Carrier) 대만지사에서 근무하던 중 직원 연수 프로그램으로 미국에 간다. 그곳에서 미국의 수준 높은 환경을 경험했다. 황싱타이가 두 아들을 미국에서 교육시키기로 다짐한 그때다.

그의 모친인 뤄차이슈 (罗采秀)는 지역 명문가 자녀로 초등학교 교사로 일했다. 자녀 교육에 늘 적극적으로 나섰다. 두 아들을 미국에 보내기 위해 영어 단어를 매일 가르치기도 했다. 젠슨 황은 한 인터뷰에서 "어머니가 영어를 잘 몰랐음에도 매일 사전에서 영어 단어 10개를 선택해 형과 나에게 철자와 단어의 의미를 설명하라고 시켰다"고 회상했다. 어머니 뤄차이슈는 그의 부친만큼이나 아이들이 더 나은 환경에서 교육을 받고 성장하게 하기 위해 끊임없이 애썼다. 그는 "그때 내가 정답을 말했는지 아닌지는 말할 수 없지만, 지금 내가 있을 수 있었던 건 아버지가 품은 꿈과 어머니의 야망때문"이라며 "부모님께 진 빚이 많다"고 덧붙였다.

젠슨 황이 이민자로서 미국의 땅을 밟기 까지 부모님은 그에게 세상을 경험할 기회를 줬을 뿐 아니라 아낌 없는 지지로 정서적 버팀목이 돼 주었다. 2007년 한 중국 TV쇼에 출연한 젠슨 황은 "부모님은 내게 항상 정직하고 좋은 사람이 되라고 말했다"며 "부모님의 지지와 충분한 사랑 덕분에 단단해 질 수 있었다"고 강조했다.

젠슨 황은 어떤 환경에서도 기회를 포착할 줄 알았고 늘 포기하지 않았다. 그리고 그의 아시아계 미국인이라는 뿌리는 유대감과 동시에 수평적인 조직을 지향하는 엔비디아의 기업 문화로 이어졌다. 젠슨 황은 이민자로서 다양한 배경을 가진 사람들과 협력하며 포용적인 리더십을 발휘했다. 그는 엔비디아 내부에서도 다양한 문화와 배경을 가진 인재들이 협력할 수 있는 환경을 조성하며, 기술 혁신을 이끌어냈다.

그리고 어린 시절 게임을 통해 배운 정신은 엔비디아의 숱한 위기 가운데 다시 일어날 수 있는 원동력이 됐다.

젠슨 황
불굴의 도전

젠슨 황은 망할 날이 30일 밖에 남지 않았던 스타트업을 30년 넘게 이끌며 온갖 고난과 우여곡절을 견뎌내야 했다. 그는 실패를 직면하고, 극복할 수 있었던 핵심으로 '회복 탄력성'을 꼽는다. 2024년 6월 젠슨 황은 캘리포니아 공대 졸업식 연설에서 "고통과 고통을 견디는 능력, 아주 오랜 시간 동안 무언가를 할 수 있는 능력, 좌절을 극복하고 곧 가다올 기회를 보는 능력이 나의 초능력이라 생각한다"고 말했다. 그는 좌절을 이겨내는 가장 좋은 방법은 '떨쳐내는 것'이라 말한다. 좌절을 새로운 기회로 바라보라는 것이다. 그런 고통과 아픔은 한 사람의 캐릭터와, 회복탄력성, 민첩성을 강화 할 것이며 그것이 그 사람의 초능력이 될 것이라 강조했다.

 젠슨 황은 지금 자신이 알고 있는 모든 걸 창업을 결정할 때 알았더라면 너무 겁이 나서 하지 못했을 거라 말한다. 얼마나 힘들지 모르고, 얼마나 많은 고통과 고난이 수반돼야 하는지 모르기 때문에 창업을 할 수 있었다고 설명했다. 결정적으로 그는 자신을 믿었다.

 그는 미국 테크 전문지 〈와이어드〉와 인터뷰에서 "성공할 거라고 믿은 사람은 오직 저뿐이죠. CEO는 불안감, 취약성, 때로는 굴욕감 등 모든 것을 오롯이 감내해야 합니다. CEO와 기업가도 사람인지라, 공개적으로 실패하면 크게 좌절할 수 밖에 없죠. 누군가 '젠슨, 지금 가진 모든 것들을 가지고 가면 그때도 이 사업을 시작하지 않았을까요?"라고 묻는다면 이렇게 대답할 수 있습니다. '아니요, 아니요, 당연히 안 했겠죠." 하지만 그때 지금 엔비디아가 될 줄 알았다면 사업에 뛰어들었을 거냐는 질문에는 모든 것을 희생하더라도 창업을 했을 거라 덧붙였다.

 젠슨 황이 게임을 통해 배웠던 '리플레이(REPLAY)' 정신은 학문을 대하는 태도 부터 사업까지 그의 인생 전반에 걸쳐 나타났다. 젠슨 황이 1990년대 AMD와 LSI로직을 전전했을 때 대학에서 만난 로리 황 결혼했다. 스펜서와, 메디슨 두 아이들이 태어나면서 수강할 수 있는 수업 수는 점점 줄어들었다. 하지만 학교를 계속 다니고 싶던 젠슨 황은 포기하지 않고 학문을 이어갔다. 2010년 10월 젠슨 황은 〈스탠포드대학〉과 인터뷰에서 "어떤 일에는 참을성이 없지만, 다른 일에는 무한히 참을성이 있다"고 말했다. 그가 스탠포드에서 석사 학위를 마치는 데 까지 무려 8년이 걸렸다.

엔비디아를 창업하고 나서도 당시 말마따나 알았다면 뛰어들지도 않았을 세 번의 큰 위기를 맞았다. 하나는 1995년 첫 작품의 실패, 2002년 닷컴 붕괴, 2008년 세계 금융 위기 때다.

회사가 설립되고 약 2년 만인 1995년, 엔비디아는 첫 제품인 'NV1'을 공개한다. 젠슨 황은 스스로 NV1를 문어 같은 제품이라 평가했다. 3D 그래픽, 비디오 처리, 특수효과, 오디오 웨이브 테이블 처리, IO 포트, 게임 포트 등 다양한 기능이 있있다. 엔비디아의 독특한 렌더링 방식을 지원하기 위한 UDA라고 하는 프로그래밍 모델도 만들었다. 기술적으로는 거의 만능에 가까운 컨셉이였지만 NV1는 쓸데없는 기능도 많았고 또 비쌌다. 엔비디아는 NV1을 유통사인 '다이아몬드 멀티미디어'에 총 25만 대 판매했는데 그 중에서도 24만 9000대가 반품됐다. 겨우 1000대를 판매하고 처참한 실패를 거뒀다. 직원 절반 가까이 해고해야 하는 극심한 경영난을 겪었다. 젠슨 황은 세콰이어캐피털 팟캐스트에서 "누구도 스위스 군용 칼을 사러 가게에 가지 않는다. 크리스마에 받는 선물이다"라면서 "창업 후 3년간 우리가 저지른 실수만으로도 책 한권을 쓸 수 있다"고 말했다. NV1은 처절하게 실패했다.

젠슨 황은 실패를 통해서 '시장 적합성'의 중요성을 깨달았다. 엔비디아 두 번째 제품 NV2 개발 방향을 재빠르게 바꿀 수 있었던 것도 이 깨달은 덕분이였다. 엔비디아는 당시 일본의 대표적인 콘솔 게임기 회사인 세가와 함께 일할 수 있는 기회를 얻는다. 당시 세가는 '버추어 파이터', '데이토나' 같은 3D기반 게임을 만들고 있었던 게임 업계 선구자였다. 세가는 차세대 콘솔 기기에 들어갈 그래픽 카드가 필요했고, 엔비디아는 그것을 제공해 줄 수 있었다.

3D 그래픽 카드 시장도 하나 둘 경쟁사가 들어서기 시작했다. 당시 엔비디아는 사각형 기반 그래픽을 렌더링하는 반도체를 개발 중이었는데, 50여개 경쟁사들은 모두 삼각형 기반으로 그래픽을 렌더링하는 반도체를 개발하고 있었다. 문제는 1995년 '윈도우 95와' 함께 윈도우용 종합 라이브러리 다이렉트X를 내놓은 마이크로소프트는 삼각형 기반 아키텍처를 지원했다는 것이다.

삼각형이 업계 표준으로 자리잡은 시점에서 엔비디아만 엉뚱한 길로 가고 있었다. 멈춰야 했다. 문제는 세가와의 계약이었다. 큰솔에 들어가는 그래픽 카드인 'NV2'를 만들어주기로 했는데 이를 기존 방식 그대로 만들면 2년을 엉뚱한 방향으로 가야 했다. 이렇게 가다간 회사가 망할 길이라는 게 불보듯 뻔했다. 그는 당시 세가 사장이었던 쇼이치로 이리마지리를 만나 솔직하게 얘기하기로 한다.

현재 우리가 당신과 함께 개발하고 있는 사각형 기반 그래픽 방식은 틀렸고, 약속대로 NV2를 만들려면 엔비디아는 망할 수 밖에 없다고 말이다. 이리마지리 사장은 젠슨 황에게 무엇을 원하는지 물었고, 황은 그래픽 카드 개발 계획은 중단하지만 개발 지원금만은 그대로 달라고 말했다. 세가 입장에서는 아무 실익도 없는 제안이었다. 이리마지리 사장은 며칠간 고민 끝에 젠슨 황을 도와주기로 한다. 계약은 해지하지만 500만 달러를 지원했다. 남은 돈은 500만 달러, 이돈을 쓰고 나면 엔비디아는 바로 문을 닫을 수 밖에 없었다.

젠슨 황은 입버릇처럼 "우리가 망할 날이 30일밖에 남지 않았다"는 말을 달고 살았다. 500만 달러는 겨우 새로운 반도체 하나를 만들 수 있는 금액이었다. 설계를 마친 반도체를 제조공정에 보내더라도 최종 생산까지는 1년 반 정도 더 걸렸다. 완벽한 한

방으로 성공적인 반도체를 설계하고 만들어 내야 했다.

젠슨 황은 완성된 반도체를 에뮬레이션 할 수 있는 장비를 만드는 회사가 있다는 사실을 알게 된다. 에뮬레이션은 가상으로 소프트웨어를 검증할 수 있는 장치로, 실제 하드웨어로 구현해보지 않고도 가상으로 검증해 볼 수 있는 유일한 방법이였다. 하지만 에뮬레이션 장비를 만드는 Lcos라는 회사는 이미 폐업한 상태였다. 젠슨 황은 회사를 직접 찾아가 창고에 쌓여 있는 냉장고 크기의 에뮬레이션 재고를 발견해 구매해온다. 엔비디아 초기 투자자 마크 스티븐스 벤처캐피털리스트는 "위기의 시기에는 진정한 자질을 갖춘 CEO들이 모습을 드러낸다. 이때 우리는 투자자이자 이 사회로서 젠슨 황의 위기 관리 방식이 정말 독특하다는 것을 발견했다"고 말하기도 했다.

엔비디아는 이 반도체 에뮬레이터로 7개월 만에 세 번째 제품인 리바128 제품을 개발했고, 테이프아웃을 한 칩은 바로 정상적으로 작동했다. 바로 이렇게 해서 탄생한 제품이 엔비디아의 첫 히트작인 '리바128 NV3'였다. 1997년에 세상에 나온 리바 128은 출시 4개월만에 100만 대가 판매되면서 게임용 그래픽 카드 시장에 파장을 일으켰다. 첫 번째, 두 번째 제품의 처참한 실패를 완전히 만회한 제품이였다.

NBA 역대 1위 미스 샷 보유자이자 역대 4위 득점왕인 전설적인 스타 코비 브라이언트 선수처럼 젠슨 황은 수 많은 미스 샷 속에서 인생의 클릿샷을 기록했다. 그렇게 리바128 덕분에 엔비디아는 게임 업계에서 가장 주목받는 기업 중 하나로 떠올랐다. 게임 산업에서는 계속 우수한 그래픽에 대한 수요가 높았고 특히 1999년 엔비디아가 출시한 '지포스 256'은 엔비디아를 그래픽 카드 업계 확고한 강자로 올라선다.

전반부 위기가 '내부적 위기'였다면 후반부에는 '외부적 위기'가 엔비디아를 기다리고 있었다. 2002년 닷컴 붕괴, 2008년 세계 금융 위기. 엔비디아조차도 이 두 잔혹한 시기를 피해갈 수 없었다. 1999년 12날러에 상장한 엔비디아의 주가는 외부적 위기로 엄청나게 흔들렸다. 2000년대 초반 닷컴 버블의 여진으로 테크 기업들은 살얼음을 걷는 심정이였다. 엔비디아 주가는 2002년 말 연초 대비 90% 폭락했다. 기울어진 판세를 뒤집기는 사실상 불가능해 보였다.

2008년엔 외부적 위기 속 내부적 위기가 만나 더 큰 파장을 일으켰다. 엔비디아는 2007년에 가속 컴퓨팅을 위한 새로운 플랫폼, '쿠다(CUDA)' 출시에 모든 돈을 쏟아 부었다. 쿠다는 개발자가 GPU로 원하는 모든 것을 할 수 있게 해주는 플랫폼이었다. 3D 그래픽 처리 외에도 수 많은 데이터를 처리를 가속화 할 수 있는 프로그래밍 모델로 딥 러닝, 머신 러닝을 컴퓨팅을 위한 필수 기능을 탑재하고 있었다.

기술적으로 너무 앞서 있었다. 쿠다는 머신 러닝을 본격적으로 사용하는 2010년대 초반 전까지 뚜렷한 성과를 거두지 못했다. 엔비디아는 수년간 실적 부진에 시달렸다. 당시 엔비디아 시가 총액은 10억 달러를 상회하는 수준이었다. 주주들은 쿠다에 회의적이었다. 2008년부터 2013년까지 S&P 500이 25% 상승했을 때 엔비디아는 50% 하락했다. 2008년 금융 위기 풍파를 만나면서 엔비디아의 가치는 곧 50억 달러 이하로 떨어졌다. 회사 전체 가치는 젠슨 황이 2024년 9월까지 매도한 1주 평균가격인 118달러의 반토막 수준이다.

수익 공백기를 극복하기 위해 엔비디아는 휴대전화 시장을 공략하기로 한다. 그러나 시장은 빠르게 포화됐고 젠슨 황은 빠른 후퇴를 다짐한다. 로보틱스 및 자율 주행 자동차와 같은 새로운 시장에 다시 문을 두드린다. 그가 도전을 멈출 수 없었던 이유도 빠른 포기가 있기에 가능했다. 그는 NV2 생산이 실수 였음을 깨달았을 때와 마찬가지로 이때도 실수를 인정하고, 포기하고, 그리고 앞서 나갔다. 2023년 6월 황은 타이완 대학 졸업 연사에서 "당시 전략적 후퇴는 성과를 거뒀다"면서 실수를 인정하고 재빠르게 도움을 요청하는 자세가 중요함을 재차 강조했다. 가망이 없어 보이는 것에 미련 없이 포기했고, 자신이 확신하는 바는 끝까지 밀고 나가는 젠슨 황의 성격을 가장 잘 나타내는 문장이다.

2010년대 초반 AI붐이 일어나면서 엔비디아 가치는 무섭게 치솟았다. 특히 2023년 엔비디아 주가는 235% 상승했다. 시장의 회의감 속에서도 'CUDA'에 대한 장기적 투자를 멈추지 않았던 것은 신의 한 수 였다. 현재 전 세계 AI 개발자들은 프로그래밍을 위해 쿠다를 사용하고 있다. 개발자들이 10년 넘게 쿠다를 활용해 프로그래밍 작업을 진행해왔기 때문에 긴 시간 동안 엄청난 양의 코드 데이터가 쿠다에 축적됐다. 쿠다에 저장된 코드는 개발자들에게 교과서 같은 역할을 한다. 쿠다로 만든 프로그램은 엔비디아의 그래픽처리장치(GPU)에서만 돌아가는 구조이기 때문에 업계 표준으로 여겨졌다. 네이버클라우드도 인텔과 공동 개발한 인공지능(AI) 소프트웨어 플랫폼을 2024년 내 오픈소스로 공개한다고 밝히기도 했다.

2010년대 초반 AI붐을 타고 엔비디아 가치는 무섭게 치솟았다. 특히 2023년 엔비디아 주가는 1년 새 235% 상승했다.

젠슨 황의
든든한 파트너

젠슨 황은 세콰이어캐피털 팟캐스트에서 "당신이 회사를 처음 시작할 때 사람들의 친절을 무시할 수 없다"고 말하기도 했다. 엔비디아 창업 초기, 무수한 실패 속에도 엔비디아가 기회를 볼 수 있었던 것은 젠슨 황의 주변 인물 덕분이였다. 그 대표적인 인물이 젠슨 황과 함께 창업을 시작한 동업자인 말라초스키, 프리엠, 젠슨 황의 가능성을 믿고 투자를 아끼지 않았던 마크 스티븐스와, 이리마지리가, 모리스 창이 대표적이다.

1) 크리스 말라초스키(Chris Malachowsky)

젠슨 황과 함께 엔비디아를 창업한 인물이다. 오랫동안 기술 분야 임원으로 일했고 지금은 수석 부사장이자 선임 연구자로 일하고 있다. 그는 한 연설에서 "회사를 시작하려고 한 것이 아니라 직장을 갖기 위해 시작했다"고 엔비디아 창업 당시를 회상했다. 직장을 갖기 위해 노력했던 그는 젠슨 황과 프리엠과 함께 3D 그래픽을 생성할 수 있는 GPU를 개발했다.

그는 특히 엔비디아 핵심 기술 관리를 하는데 있어 중요한 역할을 했다. 엔비디아 임원으로서 그는 IT, 운영 및 회사 제품 엔지니어링의 모든 측면을 포함한 수많은 기능을 이끌었다. 회사 미래 성장과 성공을 이끄는 전략 기술을 개발을 목표로 엔비디아 연구 조직도 책임지고 있다. 그는 집적 회로 설계 및 방법론 분야의 권위자로 인정받고 있으며 약 40개의 특허를 받았다. 독특하게 그는 기술 외에도 제작에 참여한 영화 '상속'으로 에미상을 수상한 적도 있다. 2009년 최우수 다큐멘터리 상을 받았다.

2) 커티스 프리엠(Curtis Priem)

프리엠도 마찬가지로 젠슨 황과 엔비디아를 창업했다. 그는 지난 10년 간 엔비디아에서 최고 기술 책임자로 일했다. 1993년 엔비디아 창업 전까지 썬 마이크로시스템즈의 선임 엔지니어로 재직하며 그래픽칩을 개발한 경험을 살려 최초 PC용 그래픽 프로세서인 IBM 프로페셔널 그래픽 어댑터를 설계했다.

다만 그는 2003년에 엔비디아를 떠나 몇 년 동안 자신 주식 대부분을 매각했다. 포브스지에 따르면 지난해 11월 프리엠 창업자가 이때 지분을 매각하지 않고 유지했다면 그 가치가 700억달러에 달할 수 있었을 것이라고도 말하기도 했다. 프리엠은 인재 양성에 자신의 재산과 남은 인생을 바쳤다. 지난 20여년 간 매각한 돈 일부를 자신의 모교 공대인 렌셀러폴리데크닉대학(RPI)이 최첨단 기술 허브가 될 수 있도록 기부금을 쏟아 부었다. 1970년대 후반부터 1980년대 초반 RPI에서 공부해온 그는 모교가 이 기부금을 토대로 양자컴퓨터 발전에 성공하면 학교는 물론 지역경제에도 활기를 불러일으킬 것이라 믿었다. 프리엠은 2001년부터 RPI에 3억달러(약 4076억원) 가까이 기부했다. 이후 그의 이름을 딴 미디어 및 공연예술 센터도 건립했다. 프리엠은 현재 캘리포니아의 한적한 목장에서 살고 있는 것으로 알려졌다.

3) 마크 스티븐스(Mark Stevens)

전설적인 벤처 캐피털리스트 마크 스티븐스는 현재 엔비디아 이사회 멤버이자 1993년 세쿼이아 캐피털의 3년차 신임 파트너로서 엔비디아에 처음 투자한 인물이다. 엔비디아 주가 상승에 30년 일찍 뛰어들었다. 물론 그 이후 험난한 여정이 펼쳐졌다. 스티븐스 계산에 따르면 AI 열풍을 타고 엔비디아 주가가 급등하여 그의 지분 가치가 47억 달러 오르기 전까지 최소 3번의 대폭락을 견뎌내야 했다. 당시 엔비디아 투자 실패는 3년차 신입 파트너의 목숨이 달린 일이었다.

그럼에도 그는 젠슨 황이 순간마다 문제에 접근하는 방식, 엔비디아의 장기적 비전을 믿었다. 2024년 7월 블룸버그와 인터뷰에서 그는 엔비디아의 폭발적인 성장에 대해 "제품 비전, 공격적인 경영, 그리고 적절한 제품을 앞세워 폭발적으로 성장하고 있는 큰 시장이 적절히 조화를 이룬 전형적인 사례다"라고 평가했다. 그리고 그 조차도 몰랐다. 시리즈 A 평가액인 800만 달러에서 900만

달러에 이르는 기업가치가 오늘날 시가총액 3조 달러 회사가 될 것이란 사실을.

4) 이리마지리 쇼이치로(Irimajiri Shoichiro)

마크 스티븐스와 마찬가지로 창업 초기 엔비디아에 투자 한 인물이다. 당시 세가 사장이였던 이리마지리는 망할 게 뻔한 NV2계약을 위약금 없이 취소하고 남은 돈 500만 달러까지 지원해 준 바로 그 인물이다. 뛰어난 엔지니어이자 카리스마 넘치는 경영자였던 그는 일본에서 가장 존경받는 기업 리더 중 한 명 이기도 하다.

1940년생 일본인 엔지니어이자 사업가인 이리마지리씨는 대학 졸업 후 혼다자동차에서 모터사이클 대회인 그랑프리와 포뮬러원을 위한 엔진을 디자인했다. 이 커리이를 비팅으로 그는 1984년 혼다의 미국 지사 최연소 이사를 맡았고 4년간 미국 생활을 이어갔다. 스트레스로 건강 문제가 생긴 그는 1992년 혼다에서 나왔고 이듬해인 1993년 닌텐도와 경쟁을 펼치던 세가에 입사했다. 1996년 미국 지사장을 거쳐 2년 후 세가의 사장직을 맡게 됐다. 2000년도에 이리마지리는 세가의 사장직에서 물러났다. 그가 회사를 떠난 후에야 그의 최고의 결정이 성과를 거뒀다. 세가는 엔비디아 주식을 약 1500만 달러에 매각했다.

마크 스티븐스와 마찬가지로 엔비디아의 구원자 역할을 했다. 젠슨 황의 터무니 없는 제안에도 그는 엔비디아를 어떻게든 성공시키겠다는 마음 뿐이었다. 그는 회사에 "세가는 엔비디아에 투자해야 한다"고 보고를 올렸고, 상사에게 현 계약 외에 추가 투자를 해야 한다고 설득했다. 그 결과 세가는 500만달러(현재 환율로 약 67억8000만원)를 엔비디아에 투자했다.

2024년 그의 나이는 84세지만, 그는 여전히 개인 컨설팅 업무를 하고 있다. 그는 "내 마음속에 엔비디아의 존재감이 매우 크다"며 젠슨 황과의 만남을 회상했다. 그는 매우 자신감 있는 황의 모습에 끌렸고 그를 믿었다. 젠슨 황은 그의 이해와 관대함 덕분에 6개월을 500만 달러로 버틸 수 있었다.

이리마지리 쇼이치로가 세가 사장직에서 물러난 후 연락이 끊겼던 그들은 2017년 편지로 연락이 닿았다. 이리마지리가 AI 세미나 연사로 황을 초청하는 편지를 보내고 다음 날 황에게서 답장이 왔다. 황은 편지에서 "당신의 소식을 듣게 되어 정말 놀랍고 기뻤습니다. 엔비디아 초기에 세가와 함께 일한 것도 제 인생에서 가장 행복한 추억 중 하나였습니다"라며 "이리마지리 씨를 위해

서라면 무엇이든지 할 수 있다"는 답장을 받았다. 젠슨 황에게 창업 초기 가장 잊혀질 수 없는 인물 중 한 사람이다.

5) 모리스 창(Morris Chang)

TSMC 창업자이자 엔비디아 창업 초기부터 파트너를 맺었던 인물이다. 엔비디아가 창업 3년 차가 되도록 자리를 잡지 못해 파산의 기로에 섰을 때 젠슨 황은 대만의 반도체 위탁생산 기업인 TSMC 측에 진심을 담은 편지를 쓴다. 작은 스타트업인 자신들의 첫 반도체를 만들어달라는 제안이었다. 당시만 해도 스타트업에 지나지 않았던 엔비디아의 제안이 대기업 TSMC이 보기엔 허무맹랑해 보일지도 몰랐다. 하지만 그의 편지는 끝내 모리스 창의 마음을 움직였다. 1998년 낭시 64세였던 모리스 장은 32세의 젠슨 황에게 직접 전화를 걸어 "TSMC는 장기적인 협력 파트너를 찾고 있습니다"라며 파트너 제안을 했다고 한다.

모리스 창은 2018년 TSMC 회장직에서 공식 은퇴했지만 젠슨 황과의 인연은 지금도 이어지고 있다. 모리스 창은 젠슨 황이 대만을 찾을 때 마다 그를 만난다. 유명 기업인이나 정치인도 약속을 잡지 않고 오면 문전박대를 하기로 유명한 모리스 창이지만 젠슨 황에게 만큼은 시간을 내는 것으로 알려져있다. 2024년 젠슨 황의 대만 방문 때에도 모리스 창은 컴퓨텍스 기조연설, 협력사들의 전시 참관 등을 위해 대만을 방문한 젠슨 황을 만났다. 모리스 창은 최근 부인과 함께 젠슨 황 대표를 만나 저녁식사를 함께 할 만큼 각별한 사이다.

3시간가량 식사한 뒤 젠슨 황의 즉석 제안으로 타이베이 8대 야시장 중 하나인 닝샤 야시장을 방문해 대만식 굴전인 어아젠 등 야식을 먹으면서 언론에 주목을 받았다.

젠슨 황의 든든한 파트너들은 엔비디아가 초기의 수많은 어려움을 극복하고 세계적인 기술 기업으로 성장하는 데 중요한 역할을 했다. 크리스 말라초스키와 커티스 프리엠은 기술적 전문성과 경영 능력을 통해 회사의 기술 기반을 다졌고, 마크 스티븐스는 엔비디아의 장기적 비전과 젠슨 황의 리더십을 신뢰하며 위험을 감수하고 지속적인 투자를 이어갔다. 이리마지리 쇼이치로는 일본 세가에서 엔비디아를 지원해 위기에서 구해줬으며, 모리스 창은 TSMC와의 협력으로 엔비디아의 반도체 개발을 도왔다. 이들의 헌신과 지원 덕분에 엔비디아는 오늘날 AI와 GPU 시장을 선도하는 기업으로 자리 잡을 수 있었다.

엔비디아를 이끈 리더십

좀 쌩뚱맞게 들릴 수 있겠지만, 엔비디아의 본사를 들여다 보면 젠슨 황의 리더십을 단박에 알 수 있다. 엔비디아 본사 곳곳은 젠슨 황이 조직에서 추구하는 '소통'과 '협업'이 녹아 들어있다.

1) 열린 소통

미국 캘리포니아주 실리콘 밸리 산타 클라라에 위치한 엔비디아 본사는 두 건물로 구성됐다. 미국 SF 영화 스타트랙에 나오는 우주선 이름을 본 딴 '엔데버'와 '보이저'다. 엔데버라는 이름은 NASA에서 제작한 여섯 번째이자 마지막 우주왕복선 이름이기도 하다. 스티브 잡스가 애플파크에 자신이 추구하는 기업문화, 철학, 조직 지향점을 담아냈듯, 젠슨 황도 사옥을 직접 설계하면서 엔비디아가 조직을 이끄는 그의 비전을 표현했다.

엔비디아 엔데버 (출처: 엔비디아)

2017년 완공된 엔데버는 겉모습도 SF 영화에서나 나올 법한 우주선처럼 생겼다. 약 15만 평 규모에 9킬로미터 정도 떨어진 애플 본사의 도넛 모양과 대조되는 삼각형이다. 방패 모양 같은 삼각형 지붕 아래로 안을 들여다 보면 바깥 쪽에는 개인 사무실이 놓여 있다. 중앙 안쪽에는 공용 업무 공간이 모여 있다. 소통할 수 있는 공간을 중앙에 마련한 것이다.

내부에는 삼각형이 넘쳐난다. 바닥 타일, 프라이버시 스크린, 로비 소파, 카페테리아 카운터, 심지어 구조물 자체를 위한 교차 브레이스까지 모두 3개의 점으로 이루어져 있다. 삼각형은 개방된 공간에서 생길 수 있는 소음 문제를 해결하기 위해 고안된 디자인이기도 하지만 3D 그래픽 기본 단위인 '플리곤'의 삼각형 모양을 본 따 만들었다. 앞에 장에서 언급했듯이 혼자 사각형으로 독주하던 엔비디아가 삼각형으로 돌아선, 그 때의 실수를 두고두고 기억하자는 의미도 담겨 있다.

5년이 지난, 2022년 설립된 보이저는 엔데버의 허점을 보완해 만들었다. 오피스 공간을 외부에 배치하는 구조가 소통 측면에서는 효과가 있었지만, 연구자들에게는 다소 불편하다는 지적도 나왔다. 보이저는 엔데버보다는 개방감이 덜하다. 그럼에노 소봉과 협력을 놓칠 수 없었다. 건물 중간에 3층 빌딩을 소통 공간으로 만들었다. 빌딩의 이름은 마운틴인데, 중간 턱에는 의자, 조명·음향 장비 등이 갖춰진 무대가 있다. 야외 콘서트장을 떠올리면 된다. 계단식 층간 구조를 이용해 위층에서도 중앙 무대를 관람할 수 있는 구조다. 분기별로 이뤄지는 엔비디아 타운홀 미팅이 열리는 곳이 바로 이곳이다. 소통과 협력을 통한 유대감을 중시하는 엔비디아만의 기업 문화를 잘 보여준다.

엔비디아 보이저 공원 (출처:엔비디아)

내부 모습은 조금 다르지만 두 건물의 공통점은 구성원들이 자연스럽게 마주칠 수 있게 공간을 조성했다는 것이다. 엘리베이터를 구석에 배치해 사람들이 계단을 통해서 다니도록 만들었다. 걷다 보면 자연스레 다른 직원들과 마주치게 될 수 밖에 없는 구조다. 우연한 만남을 위해 도넛 모양 안에 중앙 정원을 설계했던 스티브 잡스의 의도와 비슷하다.

조금 더 세밀하게 들어가보면 회의실에는 화이트 보드가 놓여져 있다. 젠슨 황은 직접 화이트보드에 그림을 그려가면서 회의

하는 것을 선호한다고 알려져 있다. 회의에 참여한 임원은 필요한 숫자와 디테일을 바로바로 그에게 말해줘야 한다. 부하직원에게 물어보거나 다음에 답하겠다고 하는 것은 결코 용납되지 않는다. 젠슨 황은 하루에도 수백통의 이메일을 직원들에게 직접 보낼 만큼 직접적 소통을 중요시한다. 보고하는 임원도 50명이 넘는다.

황은 회의 중 문제를 만나면 그 자리에서 직접 해결하기 위해 움직인다. 장장 회의가 6시간을 넘기도 하고 그 다음 회의를 취소하기도 한다. 그렇다고 답을 대표가 내려주진 않는다. 그는 자신의 리더십에 대해 대답은 덜 하고 질문은 훨씬 더 하는 방식이라 설명했다. 올바른 질문을 하면 문제 핵심에 바로 도달할 수 있는데 그 과정으로 이끄는 게 리더의 핵심 역할이라는 게 그의 철학이다. 그는 질문만 하면서도 모든 사람에게 완벽하게 명확하게 전달되는 것이 거의 가능하다고 말한다. 소통에 대한 자신감이 엿보이는 대목이다.

소프트웨어 책임자든 중간 관리자든 상관없다. 그는 그 사람들에게 전화를 걸어 회의실로 데려와 문제 근본 원인을 파악한다. 회의를 대충 넘기거나 하는 법은 없다. 임원 회의 뿐만 아니라 신입 직원들이 있는 제품 회의에도 직접 참석한다. 대표든, 매니저든, 신입 팀원이든 프로젝트에 참여하고 있으면 모든 정보를 동등하게 나눠야 한다는 그의 소통 철학 때문이다. 젠슨 황은 조직 내 문제 접근법에 대해 설명하면서 "아무도 보스가 아닙니다. 프로젝트가 보스입니다."라고 말한다. 수평적이면서도 팀을 작고 빠르며 효율적으로 가져가는 것이 혁신에 중요하다고 생각하는 것이다.

억만장자 대표는 사무실에 상주하지 않고, 유목민처럼 건물을 돌아다니며 회의실 이곳 저곳 돌아다니는 것을 좋아한다. 젠슨 황이 이토록 동분서주하며 직접적 소통을 추구하는 이유는 그가 말하는 좋은 리더십과 연결돼 있다. 2010년 6월 젠슨 황은 〈뉴욕타임스〉 인터뷰에서 "당신이 하는 일을 사랑하지 않는다면 다른 사람들이 당신이 하는 일에 사랑에 빠지게 할 수 없다"면서 "더 나은 성과를 위해 관리할 수는 있지만 위대함을 관리할 수 없다"고 말했다. 즉, 위대함에 이르는 길은 단순히 성과가 아니라 '일에 대한 사랑'이 중요한데, 좋은 리더란 먼저 일에 대한 사랑과 열정을 보여주면서 협력을 이끌어가는 사람이라는 게 그의 철학이다.

2) 실패를 두려워하지 않는 문화

젠슨 황의 이러한 신념은 본능이 아니라 학습에서 나왔다. 젠슨 황은 24살때 LSI로직에서 관리자로 일할 당시 자신을 매우 '독점적'인 관리자로 평가했다. 젠슨 황은 30명 정도의 엔지니어를 관리하는 업무를 맡았는데 어느 날 한 직원이 사표를 냈다. 다른 회사에서 일하고 싶다는 게 이유였다. 당시 젠슨 황은 배신감과 실망감을 넘어 화까지 났다고 회상했다. 그리고 몇 년 후에 그는 자신의 실수를 깨달았다. 그때 그가 배운 교훈은 회사는 결코 감옥이 아니라는 것이었다. 누구나 들어올 수 있는 곳은 아니지만, 누구나 계속 머물러야 하는 곳이 아니었다. 단순히 강압적 관리가 아닌, 실제 누구나 머물고 싶은 곳을 직접 만들어 나가야 하는 것이 리더의 진짜 역할임을 깨닫게 된 순간이었다.

데니스 식당에서 아르바이트를 했던 경험도 내성적이였던 젠슨 황이 누구보다 활발한 소통을 할 수 있는 동력이 됐다. 젠슨 황은 팬케이크 주문을 받으면서 낯선 사람과 소통하고 통제할 수 없는 긴장된 상황에서 타협하는 법을 배웠다. 이러운 상황은 늘 있었기에 일어나는 상황에 대한 타협안을 찾는 게 중요하다고 생각했다. 단골손님으로부터 칠면조 샌드위치인 슈퍼 버드에 마요네즈와 머스터드를 추가해야 한다는 사소한 것부터 손님과 대화를 할 때 어떻게 이끌어 나가야 하는지 까지 그는 이 경험을 인생의 가장 중요한 전환점으로 꼽았다.

소통, 협업, 열정에 더해 젠슨 황의 리더십을 실패와 만났을 때

빛났다. 젠슨 황은 엔비디아의 개성에 대해 '실패를 두려워 하지 않는 문화'를 꼽는다. 그는 조직 내에서 누군가 정말 가치 있다고 생각하는 훌륭한 아이디어가 있고, 그것이 전에는 시도해보지 않았던 그 무엇이라도 그것을 믿고 기회를 잡는 것이 중요하다고 말한다. 그것이 설령 실패할지라도 그것으로부터 배우고, 조정하고, 계속해서 실패하면서 전진한다. 그게 반복적인 실패일지라도, 그가 게임에서 배웠던 '리플레이 정신'과 실제 엔비디아가 거듭된 실패를 통해 성공했던 경험이 만나 엔비디아의 독특한 기업 문화로 자리잡은 것이다.

엔비디아 고사 위기 때마다 젠슨 황은 늘 끊임없이 변화하는 산업과 시장 상황에 따라 유연하게 전략을 재평가하는 방식을 취한다. 일례로 매출 확대를 위해 시작했던 모바일용 반도체 테그라 사업은 경쟁이 치열해지면서 가격 경쟁력으로 모든 게 결정되자 사업을 접었다. NV2 사각형 모델을 빠르게 접었던 깃도 같은 맥락이다.

엔비디아는 2024년 〈포춘〉이 뽑은 '일하기 좋은 직장 100곳' 중 3위에 올랐다. 2023년 10월 블라인드가 공개한 직원들의 대표에 대한 선호도 조사에선 1위를 차지했다. 2위인 월마트 더그

맥 밀러 대표와는 8%포인트나 차이가 난다. 회사평가업체 글래스도어에 따르면 황 CEO의 지지율은 97%로 알파벳(94%), 애플(87%), 메타 플랫폼(66%), 아마존닷컴(54%) 등 타 빅테크(대형 정보 기술 기업) CEO 지지율보다 우위를 점했다.

실리콘 밸리에서 창업자가 여전히 CEO로 남아있는 회사는 매우 드문 경우다. 젠슨 황은 창업자이자 대표로서, 직접적인 소통 그리고 일에 대한 열정과 사랑, 실패를 두려워하지 않는 정신을 몸소 보여주며 직원들의 마음을 이끄는 리더로 서 있다.